工作不安全感对个体和团队创新行为_的权变作用机制研究

刘淑桢◎著

Research on the Contingency Mechanism of
Job Insecurity on Individual and
Team Innovation Behavior

经济管理出版社
ECONOMY & MANAGEMENT PUBLISHING HOUSE

图书在版编目（CIP）数据

工作不安全感对个体和团队创新行为的权变作用机制研究/刘淑桢著 . —北京：经济管理出版社，2022.8

ISBN 978-7-5096-8667-6

Ⅰ.①工⋯　Ⅱ.①刘⋯　Ⅲ.①企业管理—人力资源管理—影响—企业创新—研究　Ⅳ.①F272.92 ②F273.1

中国版本图书馆 CIP 数据核字（2022）第 145511 号

组稿编辑：赵亚荣
责任编辑：赵亚荣
责任印制：黄章平
责任校对：董杉珊

出版发行：经济管理出版社
　　　　　（北京市海淀区北蜂窝 8 号中雅大厦 A 座 11 层　100038）
网　　　址：www.E-mp.com.cn
电　　　话：（010）51915602
印　　　刷：唐山昊达印刷有限公司
经　　　销：新华书店
开　　　本：720mm×1000mm/16
印　　　张：12.75
字　　　数：229 千字
版　　　次：2022 年 10 月第 1 版　　2022 年 10 月第 1 次印刷
书　　　号：ISBN 978-7-5096-8667-6
定　　　价：68.00 元

前　言

　　面对错综复杂的国际形势以及国内改革发展的艰巨任务，当前和今后一个时期，我国的创新发展仍然处于重要战略机遇期，员工个体和团队的创新行为对企业的生存发展至关重要。学术界多认为有效的互动、积极的氛围、积极领导力等支持性、稳定性的因素是激发创新行为的有效措施。然而，为了灵活快速地适应外部不断变化的环境需求，组织不得不采取裁员、重组、派遣、临时工等变革措施，就业的稳定性和可预见性已经被越来越多的工作不安全感替代，成为常见的职场心理问题之一。由于研究视角的差异，学术界关于工作不安全感和创新行为之间关系的研究结论并不一致。有些学者从压力或社会交换视角，将工作不安全感理解为一种阻碍性压力源或雇员和雇主之间交换关系的不平衡，认为工作不安全感对创新行为具有负面影响；而另一些学者从工作保留动机或主动应对视角出发，认为工作不安全感是一种正当的刺激手段，会激励员工更加努力地工作以达到保留工作的目的，发现工作不安全感对员工创造力具有正 U 型/倒 U 型的关系，一定程度的不安全感反而有利于创造力的提升。学术界研究结论的差异给管理界带来了困境，究竟在组织中应该完全消除工作不安全感还是引入一定的竞争因素呢？以往的理论对揭示工作不安全感的作用效果存在一定的局限性。同时，随着团队工作模式在企业中日益重要，工作不安全感的群体属性，即工作不安全感氛围正成为理解团队有效性过程的新兴视角。而目前关于工作不安全感氛围的测量、团队层面影响机制的研究还较为缺乏。"工作不安全感对创新行为究竟会产生抑制还是促进的作用？""工作不安全感氛围在中国情境下如何测量？""工作不安全感氛围是否与个体层面的工作不安全感一样，会对团队创新行为产生不同的作用效果？其中间影响机制是什么？"本书通过引入压力交互理论和调节焦点理论，以及 ERG 理论和参照物转移共识模型，通过三项子研究尝试回答上述三个问题，主要得出以下研究结论，为组织工作不安全感管理和企业创新发展提供指导借鉴。

（1）中国情境下工作不安全感氛围包括五个维度。本书根据工作不安全感的维度分类（数量和质量不安全感）以及 ERG 理论的生存需要、相互关系需要、成长发展需要三个层次，提出中国情境下工作不安全感氛围包括工作丧失不安全感氛围、薪酬不安全感氛围、人际关系不安全感氛围、职业发展不安全感氛围、工作特征不安全感氛围五个维度；然后，依据成熟的量表开发流程和参照物转移模型，开发了包括 20 个题项的工作不安全感氛围测量量表，其中工作丧失不安全感氛围包括 6 个题项，薪酬不安全感氛围包括 3 个题项，人际关系不安全感氛围包括 3 个题项，职业发展不安全感氛围包括 4 个题项，工作特征不安全感氛围包括 4 个题项。

（2）工作不安全感对个体创新行为具有权变作用效应。本书根据压力交互理论和调节焦点理论，构建了以挑战性压力和阻碍性压力为中介变量、促进型焦点和防御型焦点为调节变量的工作不安全感对个体创新行为权变影响理论模型，从理论的角度分析了个体会由于认知评估过程和自我调节系统的不同而对工作不安全感产生不同的认知和行为方式。进一步地，本书选取了河南省 12 家高新技术企业 60 个团队 414 份领导和员工的配对调查问卷进行了实证检验。理论模型和实证分析结果都表明工作不安全感对个体创新行为具有权变作用效应。本书通过构建工作不安全感影响个体创新行为的被调节的中介作用模型，丰富了工作不安全感、创新行为的相关研究。

（3）工作不安全感氛围对团队创新行为具有权变作用效应。本书将压力交互理论和调节焦点理论拓展至群体层面，探究了工作不安全感氛围对团队创新行为的作用效果，构建了以团队挑战性压力、阻碍性压力为中介变量，团队共享调节焦点为调节变量的有调节的中介模型，发现工作不安全感氛围与个体层面的工作不安全感一致，对团队创新行为也具有权变作用效应，并进一步通过调查问卷进行了实证检验。本书探究了工作不安全感氛围影响团队创新行为的集体机制，有助于组织和管理者通过影响团队认知评估过程和动机来提高团队生产的创造力。

本书的创新之处在于：①理论创新。构建工作不安全感对创新行为影响的权变作用模型。本书引入压力交互理论和调节焦点理论，将工作不安全感产生的积极和消极效应纳入同一个框架中，从而更全面地阐释工作不安全感对创新行为产生的权变效应，扩展了现有的关于工作不安全感和创新行为联系的研究范围。②内容创新。构建了体现中国人际关系特色的团队层面工作不安全感氛围维度结构。本书借鉴 ERG 理论对工作不安全感氛围的维度进行理论上的划分，不仅能够避免各维度含义之间的交叉重合，还包含了体现中国职场特色的人际关系维度，大大提升了工作不安全感氛围量表对中国企业的适用性和解释力。③视角创新。将压力交互理论和调节焦点理论框架拓展至团队层面，探讨工作不安全感氛围在团队层面的作用机制。本书将压力交互理论和调节焦点理论框架延伸至团队层面，揭示了工作不安全感氛围权变影响团队创新行为过程和结果的中间机制和边界条件，丰富了工作不安全感氛围在团队层面的相关研究，也拓展了压力交互理论和调节焦点理论的应用范围和适用性。

目　录

1 绪论

1.1 研究背景

随着德国"工业4.0"战略的推出，全世界进入了加速智能创新时代。党的十八大以来，我国科技发展突飞猛进，自主创新能力大幅提升，创新型国家建设成果丰硕。在激烈的国际竞争中，唯创新者进、唯创新者强、唯创新者胜。面对错综复杂的国际形势以及国内高质量改革发展的艰巨任务，当前和今后一个时期，我国的创新发展仍然处于重要战略机遇期。创新不仅需要提高整个组织和团队的创新水平，企业中自下而上由员工驱动的创新行为也不容忽视（Spiegelaere et al.，2014）。这些日常工作场所产生的创新行为对一个组织的生存和繁荣至关重要，是组织创新能力提升和在动态环境中茁壮成长的关键部分（Getz & Robinson，2003）。学术界和管理者对如何激发和保持企业员工和团队的创新行为越来越关注，普遍认为有效的互动（Vila-Vázquez et al.，2020；Lai et al.，2019）、积极的氛围（毛义华等，2021）、积极的领导力（苏屹和梁德智，2021；田虹和田佳卉，2020；Ms et al.，2020）等支持性、稳定性的因素是激发创新行为的有效措施。然而，随着组织外部经济环境的迅速变化，组织合并重组、裁员、临时或短期雇用合同等现象出现的频率越来越高，就业的稳定性和可预见性已经被越来越多的工作不安全感（Job Insecurity）替代，成为一个常见的职场心理问题（胡三嫚，2017）。工作不安全感指的是个体对工作本身或重要工作特征（如职位、薪酬等）在未来可能会失去或丧失的担忧（Greenhalgh & Rosenblatt，1984）。因此，在工作不安全感日益普遍的时代，组织中的创新行为该如何管理和激发成为学术界和实践界共同关注的话题。

目前，学术界关于工作不安全感与创新行为之间关系的研究由于研究视角差异，得出的研究结论并不一致。有些学者采用压力视角或社会交换视角，将工作不安全感（一种结果高度不确定的事件）理解为一种阻碍性或损耗资源的事件（Jiang & Probst，2014），认为工作不安全感不仅违背了自主、能力和相关性的基本心理需求，也导致了雇员和雇主之间义务—诱因—投入—结果等交换关系的不平衡，裁员的威胁减弱了员工对支持型工作环境的感受，极大降低了参与者创新性解决问题的能力（Gilboa et al.，2008）。因此，该视角认为工作不安全感对创新行为具有负面影响，致力于寻找和消除产生工作不安全感的因素（Guo et al.，2019；张亚军等，2015；张莉等，2013），帮助员工处理和应对工作中不安全的感知，为个体提供安稳、舒适、"无忧无虑"的工作环境，以便促使他们能在工作中保持持续投入的状态和产生有效的创新行为。但消除工作不安全感带来"无忧无虑"工作环境的同时也容易产生"停滞不前"的工作状态。因此，另外有一些学者采用工作保留动机视角或主动应对视角，将工作不安全感看作一种正当的刺激，认为它会激励员工更加努力地工作以达到保留工作的目的，因此发现工作不安全感对员工创造力具有正U型/倒U型的关系，一定程度下的工作不安全感反而有利于创造力的提升（周浩和龙立荣，2011）。有学者指出，上述研究结果出现分歧可能是由于研究视角的差异（Sverke & Hellgren，2002；Probst et al.，2007）。同时，工作不安全感是否会产生负面影响也与文化情境有关（Debus et al.，2012；Debus et al.，2014）。在德国，工作不安全感的两个维度（数量不安全感和质量不安全感）对绩效均会产生负面影响，而工作不安全感对中国雇员并没有明显的负面影响（Roll et al.，2015）。法语地区和德语地区相比，工作不安全感在不确定性规避更低的国家对员工的工作满意度、离职倾向、绩效的负面影响似乎更强（Sender et al.，2017）。这也暗示了工作不安全感与创新行为之间的关系是复杂的、不确定的，在工作不安全感越来越普遍的今天，盲目地完全消除组织中存在的工作不安全感不一定总是最佳的做法，合理地利用这种不安全感或许也能成为组织创新行为提升的驱动力，需要使用更多的理论从本土化的角度发掘和解释两者之间的联系（Selenko et al.，2013）。

国内外学者针对工作不安全感对个体态度和行为方面产生的影响已经开展了大量研究，但是这些研究对工作不安全感的定义大多数在个体层面。这些研究为工作不安全感提供了重要的理论基础，但却未能解释群体环境产生的影响（Sora et al.，2013）。随着团队和集体工作模式在企业中日益重要，工作不安全感在群体层面的表现，即工作不安全感氛围的研究也越来越受到重视。在这种情况下，学者们开始呼吁工作不安全感需要进行多层次的研究，即工作不安全感包括个体和群体两个层面的属性（Sora et al.，2009）。这也意味着工作不安全感可以被概念化为个体对自己处境的感知，以及他们对周围氛围的共同感知，后者即为工作不安全感氛围（Job Insecurity Climate）。个体层面工作不安全感的提出已有三十余年，国内外学者均对其进行了广泛研究。与之相反，工作不安全感氛围概念自21世纪初才刚刚兴起，国外知名期刊陆续出现相关研究（Sora et al.，2009；Låstad et al.，2015；Tomas et al.，2017），近年来，国内学者也逐步开始关注工作不安全感作为群体氛围的属性（杨付和张丽华，2012）。通过总结和梳理目前国外学者对工作不安全感氛围的研究，可以看出工作不安全感氛围的研究仍然存在以下可以进一步改进和完善的地方：首先，工作不安全感氛围的维度划分缺乏理论基础。工作不安全感氛围维度的划分多是借鉴个人层面的工作不安全感维度，大多是通过对员工的个案访谈、现有文献资料整理等研究方法得到（Låstad et al.，2015）。其次，工作不安全感氛围的测量方式有待优化。目前研究中，工作不安全感氛围的测量大多采用直接共识模型，即调查个人对自己工作不安全感的总体看法，然后将其聚合到组织层面。但个人对自己处境的看法可能与他对工作中社会氛围的看法不完全相同，也就是说，个人是否经历工作不安全感与集体层面是否存在工作不安全感氛围并不存在直接的联系。最后，团队层面工作不安全感氛围产生的影响效果及作用机制有待探索。国外有学者开始关注工作不安全感氛围对员工个人的满意度、幸福感等产生的影响（Sora et al.，2009；Sora et al.，2013；Tomas et al.，2017），但很少考察工作不安全感氛围对组织、团队所产生的影响。

通过上述分析可以发现以下问题：第一，当前理论视角对工作不安全感作用效应的揭示存在分歧。由于研究视角的差异，工作不安全感造成了组织管理实践中两难的局面：究竟是完全避免工作不安全感的产生，还是引入竞争上岗、末位淘汰、并购重组等竞争机制（即存在一定程度的工作不安全感）更有利于激发员工创新行为的提升？第二，中国情境下工作不安全感氛围测量的研究缺乏一定的理论基础并且测量方式有待优化。工作不安全感氛围的结构维度划分缺乏理论基础，且其测量方式多是采用直接共识模型，这种测量方式是否能够真正捕捉到工作场所中存在的不安全感氛围仍存在疑问。第三，团队层面工作不安全感氛围对团队层面产生的影响效果尚不明确，虽然国外近几年开始逐渐关注工作不安全感氛围这一概念，但相关研究仍主要集中在对个体影响的探讨上，并且这一概念在中国情境下是否会产生相同的作用结果以及对团队层面的作用机制仍缺乏相关研究的检验。据此，本书提出三个研究问题："工作不安全感对创新行为究竟会产生抑制还是促进的作用？""工作不安全感氛围在中国情境下如何测量？""工作不安全感氛围是否与个体层面的工作不安全感一样，会对团队创新行为产生不同的作用效果？其中间影响机制是什么？"

　　过分安逸的环境也容易滋生出懈怠情绪，而来自外界的压力并不一定总是坏的。压力交互理论（Transactional Theory of Stress）指出了压力的两面性，即阻碍性压力在消耗内在资源的同时，挑战性压力也会激发个体主动应对策略的出现。元分析表明，调节焦点理论（Regulatory Focus Theory）对员工行为具有独特的解释力，揭示了个体对事物产生不同感知的内在原因及相应行为策略（Lanaj et al.，2012）。鉴于上述的不足，首先，本书引入压力交互理论和调节焦点理论，构建工作不安全感对创新行为权变作用模型，尝试回答中国情境下工作不安全感产生的"边界困境"问题。工作不安全感对创新行为的作用差异是由认知评估过程和个人特质的不同造成的，是将工作不安全感概念化为实现理想和收益的挑战性机会，还是需要避免损失和履行义务的阻碍性情况。其次，本书根据 ERG 理论和参照物转移模型开发了中国情境下工作不安全感氛围的测量量表。最后，本书还将压力交互理论和调节焦点理论拓展至群体层面，探究在中国组织中工作不安全感氛围对团队创新行为是否也具有类似的不同效应，并通过配对问卷调查、层次回归分析、结构方程模型、Bootstrap 等方法对工作不安全感和工作不安全感氛围对个体和团队创新行为的两面性进行实证检验，尝试对本书提出的三个问题进行解答，从而为中国组织人力资源管理解决工作不安全感问题以及从权变的角度提升创新行为提供理论依据和决策指导。

1.2　研究意义

1.2.1　理论意义

1.2.1.1　揭示工作不安全感对创新行为具有积极和消极的权变作用

　　学者们对工作不安全感和创新行为的研究多是将其视为阻碍性压力，往往关注其消极的一面，致力于寻找适合的个体或情境因素消除工作不安全感所带来的负面影响。大量的企业实践表明，工作不安全感具有阻碍性和挑战性双重性质

（LePine et al.，2004；Haar，2006），让员工在"无忧无虑"的情境下工作对于激发员工的积极行为并不一定有利，现实中组织并不完全需要避免员工体验和知觉到工作不安全感。这是因为工作不安全感是对未来工作不确定的预期，适度增加员工的压力和危机感，可以在一定程度上激发员工为避免这种不确定性的到来而积极工作的动机和行为。目前的研究较少涉及其积极的一面，更缺乏两者的整合研究。因此，本书引入压力交互理论和调节焦点理论，揭示了工作不安全感对员工的创新行为同时具有积极和消极的权变作用。

1.2.1.2 推进工作不安全感氛围测量的本土化研究

中国学者关于个体感知工作不安全感的内涵、测量和作用效果的研究虽已取得初步成果，尤其是在个体层面工作不安全感的测量方面，很多学者针对中国企业员工的特点开发了适用不同群体（比如企业员工、教师等）的测量量表，但是目前国内对于团队层面工作不安全感，即工作不安全感氛围的内涵、测量和作用效果的研究却鲜有涉及，造成这种现状的一个原因可能是缺乏适合中国情境的本土化测量量表。本书立足于中国特色的文化环境和中国员工对工作不安全感的特有感知，结合 ERG 理论和参照物转移共识模型，开发出适合于中国社会文化特点的团队层面的工作不安全感氛围测量量表，为后续研究提供测量分析基础。

1.2.1.3 丰富工作不安全感氛围在团队层面作用效果的研究

工作不安全感自 20 世纪 80 年代被提出以来，学者们已对其进行了广泛的研究。但以往的研究多集中在个体层面探索工作不安全感的内涵，以及工作不安全感与个体心理和行为之间的关系，缺乏对团队层面或组织层面工作不安全感氛围实施效果的探讨。随着团队工作模式在组织和企业中越来越重要，工作不安全感在群体层面的研究也越来越得到学者们的重视。虽然国外有部分学者对于工作不安全感氛围影响个体层面心理、行为的作用效果进行了初步研究，但工作不安全感氛围在团队层面对团队有效性的研究还有待进一步发掘。因此，本书不仅从中国文化情境出发开发了工作不安全感氛围量表，还将压力交互理论和调节焦点理论进一步扩展到了团队层面，探讨了工作不安全感氛围对团队层面创新行为产生的作用效果及作用机制，大大推进了工作不安全感在团队层面作用机制的研究，有助于从个体和团队两个层面认识员工行为。

1.2.2 实践意义

1.2.2.1 为企业诊断工作不安全感氛围提供测量工具

本书不仅探究了工作不安全感在个体层面的作用效果，也关注到了工作不安全感在群体层面属性的作用机制。本书为组织管理者提供了认识,工作不安全感既可以是存在于个体的现象,也可以作为一种群体现象,同时这种群体现象也会产生不同的创新行为结果。但组织应当如何识别和预防这种现象呢?目前已有较多关于工作不安全感在个体层面测量量表开发的研究,但工作不安全感氛围的研究刚刚兴起,关于它的测量手段,尤其适用于中国情境的测量方式还比较缺乏。本书开发的团队层面工作不安全感氛围的测量工具可应用于团队状况诊断、人员测评与开发、员工心理援助计划等相关工作,做好工作不安全感的测评和预警,有助于组织管理者更好地认识团队和员工的工作不安全感,从而有利于实现企业员工身心健康和团队长效发展的双赢局面。

1.2.2.2　为企业权变管理工作不安全感促进创新提升提供实践指导

现有关于工作不安全感的研究结果多是发现其对员工的心理和行为具有消极作用,因而多建议企业采取各种措施消除工作不安全感,为员工提供一个"无忧无虑"的工作环境。了解工作不安全感这一压力源如何影响员工对组织期望的反应,并回答工作不安全感什么时候会损害创造力、什么时候会激发创造力这一点很重要。如果企业要制定人员管理策略,促使员工能够创造性地响应工作不安全感,而不是被不安全感压倒,那么提高我们对这些问题的理解从根本上来说是非常重要的。本书通过揭示工作不安全感对创新行为的权变作用效应,认为在职场中并不一定要完全避免工作不安全感,例如对于促进焦点的团队和个体来说,工作不安全感反而会促进其绩效的提升。因此,面对职场中常见的工作不安全感问题,企业应根据调节倾向的不同采取权变的管理策略,防止出现盲目的现象,如对于促进型焦点的个人可以为他们设置较高的考核目标和压力,更大限度地激发他们的潜能;对于防御型焦点的个体可通过额外的关注、任务分配、设置考核目标以及完成任务过程中提供更多的帮助等措施减少工作不安全感的产生,从而促使团队和个人最大化创新行为的产出。

1.3　主要研究内容与结构

1.3.1　主要研究内容

本书旨在压力交互理论和调节焦点理论的视角下,探究中国组织情境中工作不安全感对创新行为产生的权变作用机制。工作不安全感可以看成一个多层次概念，在团队层面作为团队成员对工作持续性的共同感知氛围，在员工个人层面则被当成员工主观感知到的未来工作的不确定性，在不同层次将分别通过不同路径创新行为产生影响。因此，本书在对工作不安全感氛围概念建构和量表开发的基础上，通过配对数据收集、层次回归分析、结构方程模型、Bootstrap 分析等方法分别在团队层面和个体层面分析其对团队和个体创新行为的影响机理，进而为企业充分认识和利用工作不安全感，使个体和团队更好地为组织创造价值提供依据。主要分为以下三个研究内容。

研究一：工作不安全感对个体创新行为权变作用机制研究。通过对企业实践问题的提炼和相关文献的梳理总结，依据压力交互理论和调节焦点理论，建立工作不安全感对创新行为权变作用机制理论模型；并通过实证研究的方法进行验证，探讨挑战性压力、阻碍性压力、促进型焦点、防御型焦点在其中发挥的中间作用机制。

研究二：工作不安全感氛围结构及测量研究。通过 ERG 理论推演并遵循 Churchill（1979）提出的量表开发流程，构建中国情境下不安全感氛围维度结构、开发中国情境下工作不安全感氛围测量量表，为后续的实证检验提供测量依据。

研究三：工作不安全感氛围对团队创新行为权变作用机制研究。将压力交互理论和调节焦点理论拓展至团队层面，构建工作不安全感氛围对团队创新行为权变作用机制理论模型；并通过实证研究的方法进行验证，揭示团队挑战性压力、团队阻碍性压力、共享促进型焦点、共享防御型焦点在其中发挥的中间作用机制。

1.3.2 本书结构

为了完成上述研究内容，本书设计了八章：

第一章：绪论。主要引出本书的研究问题，并对本书的理论意义和实践意义进行阐述，初步拟定本书的研究内容、研究框架和技术路线。

第二章：相关研究综述。主要包括两个部分：本章对工作不安全感、工作不安全感氛围、挑战性压力、阻碍性压力、创新行为、调节焦点等主要研究变量进行文献回顾，对相关概念的内涵、结构维度、相关应用研究等进行梳理，并总结目前研究中存在的不足，为接下来研究模型的构建提供理论支持。

第三章：理论基础及研究模型构建。主要包括三个部分：首先，对本书的理论基础——压力交互理论和调节焦点理论的相关研究进行综述；其次，基于理论分析得出工作不安全感对创新行为权变作用机制的假设推演，包括挑战性压力、阻碍性压力的中介效应和促进型焦点、防御型焦点的调节作用；最后，将压力交互理论和调节焦点理论拓展至团队层面，以此来推演工作不安全感氛围在团队层面的作用机制，包括团队挑战性压力、团队阻碍性压力的中介作用以及共享促进型焦点、共享防御型焦点的调节作用，据此得出工作不安全感氛围对团队创新行为也具有权变作用效应的假设推演，为接下来的实证研究做好铺垫。

第四章：工作不安全感氛围结构及测量研究。本章主要包括两部分：一是工作不安全感氛围结构维度推演。通过对 ERG 理论的分析，得出中国情境下工作不安全感氛围应该包括五个方面。二是工作不安全感氛围的测量量表开发。通过对工作场所个人感知、集体共同感知的区分，以及组合模型中直接共识模型和参照物转移共识模型的对比，并按照 Churchill（1979）的量表开发流程，通过初始量表形成、小范围预试、大范围调查等过程开发出包括五个维度 20 个题项的具有良好信效度的适合中国职场的工作不安全感氛围测量量表，并进一步比较分析了该量表与其他研究的差异之处。

第五章：工作不安全感对个体创新行为权变作用机制实证研究。本章主要是对个体层面工作不安全感对创新行为的权变作用模型进行实证检验，包括以下几个方面的内容：一是介绍了调查样本的来源、调查过程和回收样本的情况；二是介绍了主要变量的测量量表来源以及本书的控制变量，并介绍了本书所采用的实证检验方法；三是对主要变量的测量量表进行了信效度检验和相关性分析；四是通过层次回归分析、结构方程模型、Bootstrap 等方法对本章模型的 10 个假设进行检验；五是对实证检验的结果进行分析和讨论。

第六章：工作不安全感氛围对团队创新行为权变作用机制实证研究。本章主要是对团队层面工作不安全感氛围的权变作用模型进行实证检验，主要包括以下几个方面的内容：一是对团队样本的基本统计情况进行介绍；二是介绍主要变量所使用的测量量表和控制变量，并对数据的聚合情况进行检验；三是对主要变量测量量表的信效度和相关性进行分析；四是通过层次回归分析、结构方程模型、Bootstrap 等方法对本章模型的 10 个假设进行检验；五是对实证检验的结果进行分析和讨论。

第七章：管理启示与实践建议。根据本书的研究结论，对组织中工作不安全感的管理以及企业创造力的提升提供对策建议。

第八章：总结与展望。对本书的研究结论进行总结，提炼本书的主要创新点，并提出本书存在的不足和未来进一步研究的展望。

1.4 技术路线与研究方法

1.4.1 技术路线

根据本书的主要研究内容，制定了详细的技术路线，如图 1-1 所示。

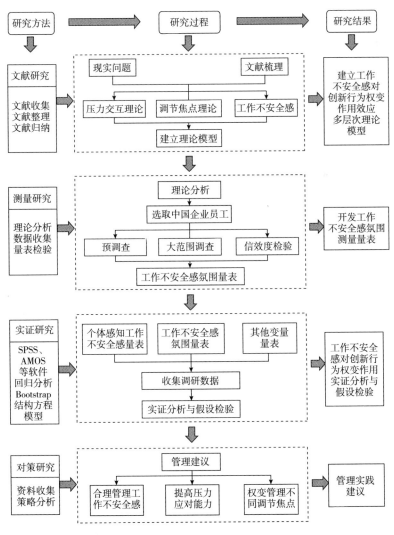

图 1-1 技术路线

1.4.1.1 建立理论模型

（1）明确研究问题和研究意义。本书的研究问题来自企业的管理实践，具有较强的理论与实践意义。近年来，随着市场竞争环境的日益激烈，组织中的员工不可避免地会感知到工作不安全感，而组织面对这个问题时却表现出截然相反的解决态度：有的组织致力于完全避免这种不安全感的出现，而有的组织却有选择性地保留一定程度的不安全感。究竟工作不安全感对员工和组织的创新行为来说是好还是坏？面对这样的难题，管理者很难找到相应的理论依据。因此，回归到现有研究文献中，通过系统梳理发现，鲜有研究全面、整合地分析工作不安全感产生的影响。因此，将其作为本书研究的起点，从理论与实践两方面提出研究问题，明确本书的研究问题和研究意义。

（2）界定研究框架并建立研究模型。在明确研究问题与研究意义后，对国内外相关文献进行了系统的整理与分析，发现员工的工作不安全感是职场中普遍的职业心理问题，并且如何对其管理一直困扰着企业的管理者，然而已有的理论在揭示工作不安全感作用效用方面存在一定的局限性。据此，我们引入新的理论视角——压力交互理论和调节焦点理论，界定了研究框架并建立了研究模型。根据本书前期已经开展的文献研究和企业访谈活动，初步形成了工作不安全感对创新行为权变效应的多层次理论模型，也为后续研究内容提供了理论基础。

1.4.1.2 开发工作不安全感氛围测量量表

开发中国组织情境下团队层面工作不安全感氛围测量量表。通过文献研究以及理论分析，确定中国组织情境下工作不安全感氛围的构念内涵。在此基础上根据 Churchill（1979）的量表开发流程，根据各构念的内涵编写相应的测量条目，并实施小规模问卷调查。运用 SPSS、AMOS 等软件检验问卷的信效度，进而对初始量表进行修订，直到量表的信效度满足推荐要求，最后形成大范围的正式调查量表，为后续的实证研究提供可操作化的符合中国情境的测量量表。

1.4.1.3 实证分析与假设检验

（1）设计实证研究部分问卷。根据研究假设中所涉及的构念，选择恰当的测量量表来设计调研问卷。具体问卷内容包括个体感知工作不安全感量表、工作不安全感氛围量表、挑战性—阻碍性压力量表、调节焦点量表和创新行为量表，并在问卷中设计出所需要的人员基本信息。之后，选取恰当数量的员工及其所在团队作为样本进行预试调查，运用 SPSS、AMOS 等软件检验问卷的信效度，并根据结果对问卷进行必要的修订。重复以上调查和分析过程，直到问卷满足了信效度要求，从而形成用来检验研究假设的正式问卷。

（2）检验假设与分析讨论。在理论推演的基础上，本书将进一步通过实证检验分析个体和团队层面工作不安全感对创新行为的权变模型。选取足够数量的中国企业员工及其所在团队样本进行调研，收集领导和员工的匹配问卷。接着根据假设的需要，运用 SPSS、AMOS 等软件进行统计分析检验所有假设，并结合已有理论和研究对统计分析结果进行讨论与分析。

1.4.1.4 提出管理实践建议

提炼组织对不同调节焦点倾向的团队和个体产生积极创新行为应采取的干预手段和管理模式。根据团队和个体层面工作不安全感权变效应的分析结果，提炼不同团队和个体采取的行为策略，为组织采取权变的策略管理工作不安全感，促进企业创新提升提供指导与建议。

1.4.2 研究方法

本书主要采用文献研究、问卷调查、软件分析与数据统计等研究方法，运用 SPSS、AMOS 等多个统计软件，较为全面地完成研究内容，实现研究目标。

1.4.2.1 文献研究法

查阅中外文数据库，阅读国内外文献资料，了解国内外关于压力交互理论、调节焦点理论、工作不安全感、工作不安全感氛围、挑战性压力、阻碍性压力和创新行为的研究现状，对相关理论进行回顾、梳理和总结归纳，并按照研究的标准选择合适的构念和测量方式，为本书理论模型的构建奠定基础。

1.4.2.2 问卷调查法

在本书研究中，除了上述开放式问卷调查，还将实施多轮问卷调查，包括小规模问卷调查和多阶段正式问卷调查。

（1）小规模问卷调查。根据理论分析获得的工作不安全感氛围结构维度，遵循量表开发的基本程序编写条目，设计工作不安全感氛围初始量表。然后选取合适的企业，采取小规模问卷调查检验初始量表的信效度。根据检验结果进行修订，如果信效度没有达到推荐值，则需要重复进行小规模问卷调查与量表修订的工作，直到量表的信效度达到推荐值。

（2）多阶段正式问卷调查。多阶段正式问卷调查包括两部分：一是对小范围修订的工作不安全感氛围问卷再次进行大范围的检验。二是为实证检验收集大样本。根据国内外相关成熟研究，对主要变量进行可操作化的测量，形成领导和员工的配对调查问卷。由员工主要汇报个体工作不安全感、团队工作不安全感氛围、挑战性—阻碍性压力、调节焦点等，由领导对员工的创新行为和团队的创新表现情况进行评价。

1.4.2.3 软件分析与数据统计法

根据上述获取的数据和假设检验的需要，本书将选取相应的数据统计方法进行分析。本书主要采用的统计软件有 SPSS、AMOS 等。运用 SPSS 统计分析软件对原始数据进行收集、分析和整理，并进行描述性统计分析、探索性因子分析、信度检验、效度检验、相关性分析、Bootstrap 分析、数据聚合等；借助 AMOS 软件建立结构方程模型，并对主要变量进行验证性因子分析。

2 相关研究综述

2.1 工作不安全感相关研究

2.1.1 工作不安全感的内涵

尽管工作安全感是早期工作动机的一部分，但在 20 世纪 80 年代后期开始的大规模裁员和解聘事件，使学者们对工作不安全感的研究逐渐展开。早期的文献多是在了解员工对这些变革事件的反应，当前的文献多是将工作不安全感看作对目前就业状态连续性和稳定性的一种威胁。有些学者认为这种看法忽略了一些因素，如对安全的期望和非自愿性质的威胁（Elst et al.，2011）。通过文献梳理可以发现，术语"工作不安全感"在国内外文献研究中有多种表述方式（见表 2-1）。

表 2-1 不同学者对"工作不安全感"的定义

学者	定义
Greenhalgh 和 Rosenblatt（1984）	在工作情况受到威胁的情况下，维持所需连续性的无力感
Vuuren 和 Klandermans（1990）	关于工作未来持久性的担忧，或对丧失重要雇用特征的担忧
Jacobson 和 Hartley（1991）	一个人经历的安全水平和他可能偏向程度之间的差异
Heaney 等（1994）	雇员对其当前工作连续性潜在威胁的看法
Witte（1999）	对未来工作持续存在的总体担忧

续表

学者	定义
Manski 和 Straub（1999）	外源性工作破坏的主观可能性
陈兴华等（2004）	对自身资源目前拥有情况和对未来可能失去或获得相关价值资源的综合比较和认知
陈海华（2006）	对期望的工作或重要工作特征受到威胁的担忧和焦虑
Cuyper 等（2008）	员工对潜在非自愿失业的感知
Klandermans 等（2010）	对个人未来工作的关注
Burchell（2011）	在未来6~12个月内，员工对自己失去工作可能性的感知
Loi 等（2011）	在组织中，员工对未来工作连续性期望差异的心理状态
De Cuyper 等（2012）	员工对潜在的非自愿失业的看法或忧虑
Schreurs 等（2012）	员工感觉他们的工作处于危险之中，或者他们很可能面临失业
Keim 等（2014）	对工作连续性的全面忧虑
Elst 等（2014）	不希望未来失去工作的主观感知，以及可能面临的损失所带来的担忧和恐惧
Ellonen 和 Nätti（2015）	个人对在不久的将来失业的可能性的评价
Elst 等（2016）	在未来对是否失业的主观认知和评价

通过以上文献梳理可以发现，工作不安全感包含以下三个特征：

首先，工作不安全感是一种个体的主观体验。这一特点重点强调工作不安全感是一种个体的感知，而不是客观工作设计上的不安全，例如基于合同的类型（如临时工）或客观的组织环境（如裁员）等。因此，由于工作不安全感具有主观性质，不同个体在同一客观情况下也有可能会经历不同程度的不安全感。

其次，工作不安全感是一种来自未来的威胁。工作不安全感反映的是一个可能发生在未来某个时刻的预测事件，而不是在当下正在发生的情境。而且并非所有预期或潜在与工作有关的事件都会造成工作不安全感，只有那些涉及潜在伤害或损失的事件才会带来明显的不安全感（Boswell et al.，2014）。因此，对工作不安全感的研究通常研究人们如何看待和响应未来工作或工作特征面临的损失，而不是现在工作场所中已经出现的损失。

最后，工作不安全感威胁的是个体在工作中的稳定性和连续性。这就将工作不安全感与其他威胁区别开来，比如就业能力。工作不安全感不会对个体的实际知识、能力、技能等造成真实的影响和伤害。

从上文的论述中可见，目前学者们对工作不安全感的内涵还没有形成统一的意见。综合以上观点，本书认为不安全感是一种主观知觉到的心理现象，本质是对不确定的厌恶，对当前就业中不利状态无法控制的无力感。

2.1.2 工作不安全感的维度与测量

关于工作不安全感如何测量，学者们根据不同的研究需要做了大量的探索，包括单维度测量、双维度测量、多维度测量和复合视角的测量。

（1）单维度测量。在工作不安全感研究的初期，国外学者普遍将其作为一个整体的、单维度的变量进行研究，他们往往要求被试者针对诸如"在你看来，你在不久的将来会失业的概率有多大"（Witte，1999）或者"明年失去你的工作的概率是多少"（Roskies & Fournier.，1993）等这类表述做出概率选择来确定其工作不安全感的程度。

（2）双维度测量。学者们根据 Greenhalgh 和 Rosenblatt（1984）最早对工作不安全感整体性工作和重要工作特征的描述，相应开发出数量/质量不安全感量表（Hellgren et al.，1999；Elst et al.，2014）、认知/情感不安全感量表（Borg & Elizur，1992；Huang et al.，2012）。

（3）多维度测量。也有学者认为，工作不安全感应包含更多的方面（Blau et al.，2004；O'Neill & Sevastos，2013；胡三嫚，2008；彭杉杉，2010；冯卫东，2014；韩巍等，2017）。比如，Blau 等（2004）认为，工作不安全感由对工作丧失、人力资本和工作条件三个方面的不安全感组成。O'Neill 和 Sevastos（2013）认为，工作不安全感包括工作损失不安全感、工作改变不安全感、组织生存不安全感和边缘化不安全感四个维度，但有学者指出，该量表的组织生存和边缘化维度是从对"我在工作中感到不安全"这一短语的反应中归纳出来的，更多地反映了工作不安全感的前因而不是工作不安全感本身。国内学者偏向于将工作不安全感看作多维的概念。胡三嫚（2008）通过对以往测量条目的整理、员工访谈、预试等方式，开发出中国情境下工作不安全感量表，包括工作丧失不安全感、工作执行不安全感、薪酬晋升不安全感、过度竞争不安全感和人际关系不安全感五个维度。该量表是初次将工作不安全感进行中国本土化测量的尝试，随后得到了许多学者的应用，并在教师、医生等多个群体中进行修订（彭杉杉，2010；冯卫东，2014；韩巍等，2017）。

（4）复合视角的测量。Ashford 等（1989）将 Greenhalgh 和 Rosenblatt（1984）提出的概念进行了操作化，提出应从工作的重要性、失去工作的可能性、工作特征的重要性、失去工作特性的可能性和无力感这五个方面来测量工作不安全感，并由此编制了一个由 57 个项目组成的精细化测量工具——工作不安全感量表（Job Insecurity Scale，JIS）。在这个量表中，工作不安全感最后的得分由 5 个分量表的得分按照如下公式相乘得出：工作不安全感=（工作的重要性×失去工作的可能性+工作特性的重要性×失去工作特性的可能性）×对处理威胁的无力感。国内学者李勇泉（2012）通过对 JIS 量表的修订，并经因子分析得出饭店从业人员职业不安全感的测评模型：工作不安全感=（27.083F1+11.659F2+7.272F3+6.509F4+5.463F5+4.682F6+4.379F7+3.992F8+3.862F9）/74.902，其中，F1、F2、F3、F4、F5、F6、F7、F8、F9 为各因子得分。

从上述分析可以看出，工作不安全感的维度划分和测量有多种方式，并没有形成一致的结论。对以上工作不安全感测量量表进行汇总，如表 2-2 所示。

表 2-2　工作不安全感的测量量表及维度

学者	维度类型	量表内容
Witte（1999）、Roskies 和 Fournier（1993）	单维度	工作不安全感程度
Borg 和 Elizur（1992）、Huang 等（2012）	双维度	认知不安全感、情感不安全感
Hellgren 等（1999）　Van den Broeck 等（2014）		数量不安全感、质量不安全感
Blau 等（2004）	三维度	工作丧失、人力资本、工作条件
O'Neill 和 Sevastos（2013）	四维度	工作损失不安全感、工作改变不安全感、组织生存不安全感、边缘化不安全感
胡三嫚（2008）、彭杉杉（2010）、冯卫东（2014）、韩巍等（2017）	五维度	工作丧失不安全感、工作执行不安全感、薪酬晋升不安全感、过度竞争不安全感、人际关系不安全感
Ashford 等（1989）、李勇泉（2012）	复合视角	从工作的重要性、失去工作的可能性、工作特征的重要性、失去工作特性的可能性、无力感五个方面由公式计算得出

2.1.3 工作不安全感的影响因素

学者们对工作不安全感影响因素的探究相对较少，大多致力于研究其产生的后果。但通过对文献的梳理发现，学者们主要从社会、组织、个体三个层次对工作不安全感的影响因素进行了总结和分析。由表 2-3 可知，社会层次影响因素包括工作安全保障、就业立法保护、失业福利等；组织层次影响因素包括组织信息提供方式、领导幽默、组织绩效、组织性质等；个体层次影响因素包括个体的核心自我评价、人格特质等。

表 2-3　工作不安全感的影响因素

类别	学者	影响因素	主要观点
社会	Bryson 等（2009）	工作安全保障	外部较强的工作安全保障会产生更低的工作不安全感感知
	Clark 和 Postel-Vinay（2009）	就业立法保护、失业福利	在就业保护立法更严格的国家，私营部门的工作安全感较低，但在具有更丰富失业福利的国家中，私营部门的工作安全感则较高
组织	丁言乔和牛雄鹰（2020）	组织信息提供	组织信息提供可以对认知工作不安全感和情感工作不安全感产生链式中介作用
	桑蒙蒙（2020）	领导幽默	领导的亲和型幽默会降低工作不安全感，而领导的攻击型幽默则会增强工作不安全感
	Debus 等（2014）	组织绩效	组织绩效与员工感知到的工作不安全感存在负向关系
	Clark 和 Postel-Vinay（2009）	组织性质	与私企相比，国企中的员工有更高的工作安全感
	陈海华（2006）	组织变革	组织变革会导致较高的工作不安全感
个体	Hsieh 和 Huang（2017）	核心自我评价	核心自我评价高的员工在变动的环境中更不易产生工作不安全感
	Debus 等（2014）	人格特质	个性特征中的消极情感和控制点与公司绩效、合同类型等变量一样，解释了工作不安全感近双倍量的方差

从上述分析中可以看出，工作不安全感的形成受到社会、组织和个人特征等

多方面的影响。

2.1.4 工作不安全感的作用效果

关于工作不安全感对结果变量产生的影响，本书从压力视角、社会交换视角、工作保留动机视角和主动应对视角四个理论视角进行梳理和总结。

2.1.4.1 压力视角

一些研究将工作不安全感看作一种压力。首先，工作不安全感会威胁到身体激素的水平和工作资源的状况，它们分别是获得幸福感和获得身份、收入、社会关系、社会地位等后天劳动所得的关键。在这种情况下，工作不安全感作为一种压力，就可以解释受工作不安全感威胁的工作的隐性（如社会价值）和显性（如收入）收益的缺失。其次，有研究人员指出，不确定性本身是一种压力。最后，工作不安全感违背了自主、能力和相关性的基本心理需求。这些看法与更广泛地用于评估基于资源的压力模型有很高的契合度。以上的解释指出，工作不安全感作为一种强大的压力源，会导致各种不良的结果出现，包括情绪耗竭、较低的幸福感、消极的工作态度和糟糕的工作绩效等（Wang et al.，2020；王霞，2021；许正权等，2019）。而且，鉴于压力减弱了个体的注意力和自我调节能力，压力的视角预测了工作不安全感会导致工作场所的伤害和事故增多、创造力下降、人际虐待和反生产行为增多（陈明淑和周子旋，2020）。

此外，从压力的视角来看，工作不安全感对工作的主要目的和益处造成威胁，使员工的基本心理需求产生挫败感，因而也会促使预测结果超出工作场所范围。例如，多项研究发现，父母的工作不安全感与子女的学业成绩、职业自我效能、工作信念和工作态度呈负相关（Barling et al.，1998；Lim & Sng，2006；Zhao et al.，2012）。

2.1.4.2 社会交换视角

社会交换理论提供了另一种视角来看待工作不安全感，即雇员和雇主之间交换关系的不平衡。从心理契约理论的角度来看，工作不安全感反映了关系型心理契约的违约，尤其对员工基于安全的交换忠诚和承诺等社会情感利益。从公平理论的角度来看，工作不安全感减少了员工为其努力所得到的回报，因此可能被视为不公正（Piccoli & De Witte，2015）。因此，前者表明员工认为工作不安全是义务和诱因之间的不平衡，后者是投入和结果之间的不平衡。

如同上文中提到的压力视角一样，社会交换机制预测了员工会采用消极的态度对工作不安全感做出反应，如工作态度变得消极、减少对组织的贡献等

（Reisel et al.，2010；宋靖等，2018）。员工会认为工作不安全感是成员和组织之间心理契约的破坏，因此也会产生离职的意图（De Witte et al.，2008）。此外，从社会交换的角度来看，工作不安全感也会侵犯员工与组织关系之外的交换。例如，工作不安全感会影响个人和当选的政治官员之间的关系，导致对政治家和政治机构的信任减少（Wroe，2014）。

2.1.4.3　工作保留动机视角

由于威胁还没有显现出来，处于继续保留工作的动机状态，工作不安全感可能会促使员工做出他们认为可能会避免工作或工作特征丧失的行为。工作保留策略可以采取几种形式。例如，员工可能会致力于向领导或组织展示他们的价值，会付出更多的努力关注那些被领导和组织重视的行为。例如，有研究发现，工作不安全的员工在组织重视安全时采取了更多的安全行为（Probst，2004）。这一推理预测，工作不安全感会导致任务绩效和组织公民行为的提高，因为这些行为很可能被上级重视。其他为保留工作而做的积极努力还包括把自己打造成一个组织期望的理想员工，例如压制个人价值观，假装信奉组织价值观（即表面上的一致性）（Hewlin et al.，2016），并愿意做出让步（如低工资、更长的工作时间）。因此，工作不安全感可能导致工作强化，成为员工的一项工作保全策略。

2.1.4.4　主动应对视角

工作保留动机阐述了个人避免损失的企图。与此相反，主动应对的视角说明了人们提前应对工作或工作特征损失的尝试，尽管损失是不确定的。该视角的研究多采用资源保存理论，认为为了获得新的资源，同时补偿和防止资源损失，个人必须采取主动应对的策略，投入诸如时间或精力等资源。例如，一些人可能通过建立工作网络或主动寻找别的工作来避免工作损失。工作不安全的人也可能寻求教育机会来增加潜在的工作机会，他们可能会增加储蓄以缓冲潜在的收入损失。

2.2　工作不安全感氛围相关研究

工作不安全感通常被视为一种个体现象，反映了个人的不确定性和对自己工作连续性的担忧。然而，群体环境涉及多个个体之间关系的动态变化，不能用单独的个体来理解。由于对工作不安全的感知出现于工作环境之中，这是一种天然的群体环境，因而工作不安全感也存在群体的属性，被称为工作不安全感氛围

(Sora et al.，2009)。目前学者们对工作不安全感氛围的研究才刚刚起步，相关研究还较为缺乏，以国外学者为主，总的来说主要有以下几方面。

2.2.1　工作不安全感氛围的内涵

当员工集体担心工作的连续性时，就会产生工作不安全感氛围。当工作环境中出现矛盾或不明确的事情时，同事之间可能会集体讨论最近发生的事件，并通过检查自己对他人的看法来了解发生了什么。有些人可能会试图通过自己的努力和奋斗促使自己在未来成为组织中不可或缺的人，而另一些人可能消极对待工作任务和职责，转而开始寻找新的职业和机会。这表明，工作不安全感氛围可能会影响员工彼此之间的关系以及他们的行为和思维方式。有学者将工作不安全感氛围定义为"组织内所有成员对受威胁的工作无法持续保持下去的共同无力感知"，并且认为工作不安全感氛围与个体感知的工作不安全感维度一样，也包括数量不安全感氛围和质量不安全感氛围两个方面（Låstad et al.，2015）。

2.2.2　工作不安全感氛围的测量

当工作不安全感作为一种群体现象时，目前还不清楚它应该如何被概念化和衡量。绝大多数关于群体氛围的研究采用直接协商一致的方法，即直接共识模型。对于组织中的工作不安全感氛围，直接协商一致的方法包括要求员工报告自己的工作不安全感，并将这些观念聚集到群体或组织层面来代表一种氛围。为了证明聚合的正确性，在这些群体中需要一定程度的感性一致性。然而，这种方法并不一定反映出这些员工感知到的氛围，而是他们在多大程度上经历了类似的个人工作不安全感。尽管这种测量方式与 Sora 等（2013）所描述的工作不安全感氛围有相似之处，然而事实上个体员工可能并不知道他们是否保持了一致，换言之，统计学上一致的东西在个人如何看待他人的看法上可能不具有一致性。另一种方法是使用一个参照物转移氛围模型，即要求雇员报告他们对工作不安全感气氛的看法（"我们""在我的工作场所"），而不是只关注他们自己的工作不安全感。这种测量方式可以将个人层面的感知作为一种心理集体氛围来研究，即个人对周围氛围的看法，或者可以聚集在一起共同构成作为组织集体氛围的工作不安全感氛围。Låstad 等（2015）认为，工作不安全感氛围的测量与个体感知的工作不安全感测量是不同的，通过对以往测量题项的收集整理，并对瑞典 2493 名员工进行试验调查，发现工作不安全感的氛围量表包括数量工作不安全感氛围和质量工作不安全感氛围两方面，各包括 4 个题项，各题项的信度水平均在 0.7 以上。这是目前少有的通过实证开发工作不安全感氛围测量量表的研究。

2.2.3　工作不安全感氛围的影响结果

关于个人感知的工作不安全感产生的效应学者们已经进行了广泛的研究。例如，元分析结果表明，个人工作不安全感与工作态度、幸福感和健康呈负相关。这些研究结果对于工作不安全感氛围是否同样适用尚不清楚。然而，先前将工作不安全感氛围作为一种个体感知不安全感聚合的研究为该领域的研究提供了一定的指导方向，但目前研究多探究了工作不安全感氛围对个体工作态度、工作行为以及个体家庭领域产生的影响。例如，Sora 等（2009）发现，不安全感氛围与个体层面的工作满意度和组织承诺呈负相关。进一步地，Sora 等（2013）又发现，不安全感氛围不仅与工作满意度和组织承诺呈负相关，对工作投入、组织信任也会产生负向影响，并且不安全感氛围强度越强，这种关系越显著。Lehmann-Willenbrock 和 Allen（2014）探讨了工作不安全感氛围在幽默互动与团队绩效关系中的作用，通过对 29 个团队的团队水平线性回归分析，发现无论工作不安全感氛围如何，幽默互动与团队绩效均呈正相关。Lǎstad 等（2015）发现，工作不安全感氛围同样也会溢出到家庭领域，产生较高的工作家庭冲突和较低的个人幸福感。Tomas 等（2017）通过建立跨层次的模型，发现团队层面的工作不安全感氛围与个体的反生产行为呈显著正相关，并且个体工作投入的活力维度在其中起到中介作用。

2.3　创新行为相关研究

2.3.1　创新行为的内涵

国内外学者从不同的角度对创新行为进行定义，大致可以分为过程论、结果论和综合论。持过程论的学者认为，创新行为包括从创新想法出现到实施的全过程。比如，Combs 等（2006）指出，评价员工是否从事创新活动的重要指标是创新行为。持结果论的学者认为，创新行为的重要衡量指标为是否有创新结果的出现。比如，Janssen 等（2004）认为，创新行为包括组织员工为了提高工作绩效或工作流程而实施的一系列新颖想法的过程。贺瑞雪（2011）将创新行为与知识时代相结合，认为创新行为是员工为了提高和保持自身优势，利用知识共享和知识转移等手段不断产生创新想法、实施创新行为的过程。综合论综合了过程论和结果论的观点，认为创新行为不仅包括创新结果，产生创新结果的整个创新流程也必不可少。比如，Amaible（1997）认为，创新行为是指个体产生的能够为组织带来创造性价值的产品、想法或行动。本书认同综合论对创新行为的定义，认为创新行为不仅包括创新思想、想法等的产生，也包括创造性行为、产品等结果的实现。

2.3.2 创新行为的维度与测量

学者们在测量创新行为时一般将其作为一个多维度变量。Janssen 等（2004）认为员工的创新行为应该包括三个阶段：创新思维的产生、创新行动的促进和创新产品的实现。Ng 和 Lucianetti（2016）对意大利员工进行了 8 个月的调查，开发了包括创意产生、创意传播、创意实施三个维度的创新行为测量量表，衡量了个体是否具有处理工作和问题的新方法和新思路、传播新观念的意愿以及将新的思路和方法转化为实际操作的能力，每个维度分别包括 3 个题项。韩翼等（2007）最早在中国情境下对创新行为如何评价进行了研究，构建了包括创新意愿、创新行动和创新结果三维度的创新行为结构，并据此开发了 8 个题项的创新行为测量量表。王雁飞和朱瑜（2012）对 Zhou（2003）的创新行为量表进行了中国化修订，最终得到包括 8 个题项的创新行为测量量表，衡量了员工创新意愿、创新能力、创新方法、创新手段以及与其他员工分享个人创新成果等方面。张振刚等（2016）在 Zhou（2003）与王雁飞和朱瑜（2012）量表的基础上，结合中国企业情境对创新行为的测量量表进行了再次验证和修订。

2.3.3 创新行为的影响因素

创新行为的产生是一种复杂的、多层次的、突发的现象，随着时间的推移而逐渐显现出来。在过去的三四十年间，在管理科学的多个学科中，学者们从个体、团队、组织等多个层次对创新行为的影响因素开展了大量的研究。

2.3.3.1 个体层面的影响因素

个体层面的影响因素主要包括个人特质、目标导向、价值观以及心理状态。

（1）个人特质。研究表明，大五人格会与情境因素相互作用，以增强或限制创新行为（Raja & Johns，2010；王艳平和赵文丽，2018）。例如，Raja 和 Johns（2010）研究了大五人格如何与工作范围相互作用以影响创新行为的产生，发现当工作范围高时，神经质和外向性对创造力具有负向影响；工作范围低而不高时，经验开放性对创新行为具有正向影响。

（2）目标导向。个人会有不同的目标导向（即自我发展信念），目标导向作为激励机制可以影响员工在成就情况下的解释和行为（陈倩倩等，2018）。Hirst等（2009）发现，学习取向对创新行为有积极的主要影响。Gong等（2009）复制了这一主要效应结果，发现投入更多的努力将提高一个人的能力和对任务掌握的能力。

（3）心理状态。在理解心理因素对创新行为的影响方面，研究多集中在情感、情绪状态或工作不满对创新行为的影响（胡文安和罗瑾琏，2020；George & Zhou，2002）。

2.3.3.2　团队层面的影响因素

近年来，创新行为在团队层面的研究也取得了显著进展，可以分为团队结构和组成、领导风格两个方面。

（1）团队结构和组成。Hülsheger等（2009）发现，结构和组成对创新行为的影响不如以前预想的那么大。他们对30多年来的团队水平的初级研究进行了元分析，并纳入了涵盖不同团队变量范围的100多个独立样本。团队氛围的各个方面与创新行为的平均校正相关性高于团队结构和组成的各个方面。团队氛围方面与创新创建的相关性最高可达0.49，而团队结构和组成的相关性则要弱得多。还有一些研究结果报告了任务和目标相互依赖对团队创新的影响，但影响程度不高（郝凤鑫，2015）。这些发现重申了早期的研究结论，即更大的多样性不一定会导致更强的团队创新能力，但可能反而会导致团队凝聚力的降低，进而降低实施能力。

（2）领导风格。许多研究者认为领导风格对团队创新有直接的、强有力的影响，比如差序式领导、变革型领导等（袁凌等，2016）。Rosing等（2011）的元分析为这个重要的问题提供了有价值的线索。正如所假设的那样，变革型领导在开放阶段的相关性更强，而交易型领导通常在理念实施的后期更有效。这一领域的研究结果清楚地表明，在创意产生阶段，变革、参与式领导行为能够激发团队创新行为，更具指导性、交易性的领导行为在将创新推向实施时更有效。

2.3.3.3　组织层面的影响因素

影响创新行为产生的组织层面的因素包括与管理相关的因素、知识利用和网络、结构和战略、文化和氛围等。

（1）管理相关的因素。在研究促进创新行为的管理相关的因素方面，很多研究探讨了不同人力资源实践的作用。研究结果表明，提供培训和员工参与实践、使用绩效薪酬体系、实现弹性工作时间、强调工作多样性和自主权的组织以及具有人力资源灵活性的组织，其创新水平更高（Martínez-Sánchez et al.，2010）。还有研究从管理支持（李怡娜和叶飞，2013）和高层管理者对创新的积极态度（Damanpour & Schneider，2006）的角度探讨了管理支持在组织创新行为中的作用。

（2）知识利用和网络。很多学者研究探讨了知识利用和组织学习在组织创新中的不同方面的作用，如吸收能力（Lichtenthaler，2009）、智力资本（刘程军等，2015）、知识存量（陈蓉和许培源，2015）和社交网络（Chen & Huang.，2010）。

（3）结构和战略。之前的研究表明，去中心化、更复杂的结构以及低分化程度的结构和低正规化具有促进创新行为产生的作用（Damanpour & Schneider，2006）。其他研究考察了微观制度力量的作用，如规范性（即制度的价值和规范）、文化认知的力量（如组织成员之间的意义共享系统）、结构集成以及创新策略在组织创新行为中的作用（刘露和郭海，2017）。

（4）文化和氛围。与团队层面的研究一样，以往的研究一致地发现，支持创新的氛围有利于组织层面的创新（张宁俊等，2015；阎亮和张治河，2017）。例如，Baer 和 Frese（2003）将创新作为组织层面绩效的先行因素进行了探索，发现高水平的个人主动性和心理安全氛围增强了流程创新性和企业绩效之间的关系。

上述各个层面创新行为的影响因素汇总如表 2-4 所示。

表 2-4　不同层面创新行为的影响因素

层次	影响因素	具体因素	相关学者
个体层面	个人特质	大五人格	Raja 和 Johns（2010）、王艳平和赵文丽（2018）
	目标导向	学习取向	陈倩倩等（2018）、Hirst 等（2009）、Gong 等（2009）
	心理状态	积极情感	胡文安和罗瑾琏（2020）、George 和 Zhou（2002）
团队层面	团队结构和组成	团队氛围	Hülsheger 等（2009）
		任务和目标	郝凤鑫（2015）
	领导风格	差序式领导	袁凌等（2016）
		变革型领导、交易型领导	Rosing 等（2011）

层次	影响因素	具体因素	相关学者
组织层面	管理相关的因素	人力资源实践	Martínez-Sánchez 等（2010）
		管理支持	李怡娜和叶飞（2013）
		高层管理者对创新的积极态度	Damanpour 和 Schneider（2006）
	知识利用和网络	吸收能力	Lichtenthaler（2009）
		智力资本	刘程军等（2015）
		知识存量	陈蓉和许培源（2015）
		社交网络	Chen 等（2010）
	结构和战略	更复杂的结构	Damanpour 和 Schneider（2006）
		创新策略	刘露和郭海（2017）
	文化和氛围	支持创新的氛围	张宁俊等（2015）、阎亮和张治河（2017）、Baer 和 Frese（2003）

2.4 挑战性—阻碍性压力相关研究

2.4.1 挑战性—阻碍性压力的内涵

工作压力普遍存在于职场中的各个方面，引起了学术界和管理者的广泛关注。Yerkes 和 Dodson（1908）最早发现压力强度的高低与绩效不是简单的线性关系，而是存在一个转折的临界点，呈现出倒 U 型的关系，低于这个临界点时随着压力的增大工作绩效增强，而越过这个临界点时，随着压力的增大工作绩效在不断降低。Selye（1974）率先提出压力具有积极（Eustress）和消极（Distress）之分。

Cavanaugh 等（2000）整合了以往关于压力的相关研究，明确指出压力分为挑战性压力和阻碍性压力，并提出挑战—阻碍职业压力二维模型（Challenge-Hindrance Occupational Stressor Model）。其中，挑战性压力是指员工自己可以利用目前已有的资源（比如足够的知识、技能、资源等）主动应对对自身职业发展和工作目标的完成具有积极作用的压力，包括岗位职责和任务的扩大、时间紧迫感、合理工作任务量等。阻碍性压力是指员工利用目前的资源无法很好地化解且妨碍了未来职业发展以及工作任务完成的压力,包括角色冲突、角色模糊、官僚政治等。Cavanaugh 等(2000)指出,当工作压力被个体评价为具有挑战性时,那么这种压力就会对个体的心理、行为等产生正向影响;而如果工作压力被个体评价为具有阻碍性,那么这类压力则会对心理、行为产生负向的影响。

2.4.2 挑战性—阻碍性压力的测量

关于挑战性—阻碍性压力的测量方式,主要包括问卷法和实验法两种:①问卷法。最早将挑战性—阻碍性压力进行量化测量的是 Cavanaugh。Cavanaugh(2000)在提出挑战性—阻碍性压力二维结构之后,继续以企业员工为对象编制了挑战性—阻碍性压力的测量量表。该量表共包括 11 个项目,其中挑战性压力维度有 6 个项目,阻碍性压力维度有 5 个项目,这两个维度的 Cronbach's α 系数均达到了测量标准。该量表得到了学者们的广泛认可和应用(李巧灵等,2014)。除此之外,其他学者在 Cavanaugh(2000)测量量表的基础上也进行了有益探索。比如,Chong 等(2011)在研究研发人员时间压力时专门开发了符合情境的测量量表,称为挑战性时间压力和阻碍性时间压力,前者包括 5 个题项,后者包括 8 个题项。LePine 等(2004)在研究挑战—阻碍性压力对学习动机和成绩的影响时,专门开发了符合情境的测量量表,其中挑战性压力量表和阻碍性压力量表均包含 5 个项目。这些量表只在某一特定的研究对象中应用,是否具有普遍的适用性还需要进一步验证。②实验法。除了问卷测量,也有学者采取实验操作方式测量挑战性—阻碍性压力。比如,Pearsall(2009)将动态分布式决策模拟为研究的任务,用时间的紧迫性代表挑战性压力,用角色模糊代表阻碍性压力,对研究对象完成任务的情况进行评价。

2.4.3 挑战性—阻碍性压力的作用效果

学者们发现,挑战性—阻碍性压力对个体的情绪、身心健康、工作态度、工作行为等都会产生影响,也会溢出到家庭领域,对工作家庭冲突产生影响。

(1)情绪和心理状态。挑战性压力和阻碍性压力都会对情绪如情绪衰竭、情绪枯竭等(史灿灿,2017;刘得格,2015)以及心理状态如心理退缩、紧张等(Pearsall et al.,2009;Kane-Frieder et al.,2013)产生消极影响。因为不管是挑战性压力还是阻碍性压力,压力的应对都会消耗个体大量的资源和精力,由此带来情绪和心理上的负面效应。

(2)工作态度和工作行为。挑战性压力和阻碍性压力会对个体的工作态度如工作满意度、工作投入、自我效能感、组织承诺等（李宗波和彭翠，2014；吴国强等，2017；Travis et al.，2020；于伟和张鹏，2018；Montani et al.，2017）以及工作行为如创造力、网络闲散行为、沉默行为、退缩行为、工作绩效等（叶晓倩等，2020；杜鹏程等，2014；陈前，2019；史灿灿，2017；董进才和王浩丁，2018；Yuan et al.，2014）产生影响，但两者的影响效果并不相同。挑战性压力会因为个体对收益回报的期望而产生积极的工作态度和行为，阻碍性压力则会因为对目标任务实现的阻碍而对个体的工作态度、行为等产生消极作用。

（3）非工作领域。挑战性压力和阻碍性压力的作用效果不仅会影响工作领域，还会溢出到家庭领域，影响个体工作和家庭之间的关系，带来工作家庭冲突（何慧，2020；陈礼花，2017），但两者对工作家庭关系的影响也不完全相同。挑战性压力会导致工作家庭冲突的增强，而阻碍性压力则不会产生这种影响。可能是因为挑战性压力会激发员工在工作中投入更多的时间和精力，从而忽略了家庭关系，导致工作家庭冲突增强。

挑战性—阻碍性压力的作用效果研究总结如表 2-5 所示。

表 2-5 挑战性—阻碍性压力作用效果研究

分类	变量	学者
情绪和 心理状态	情绪衰竭	史灿灿（2017）
	情绪枯竭	刘得格（2015）
	心理退缩	Pearsall 等（2009）
	紧张	Kane-Frieder 等（2014）
工作态度	工作满意度	李宗波和彭翠（2014）
	工作投入	吴国强等（2017）
	自我效能感	Travis 等（2020）、于伟和张鹏（2018）
	组织承诺	Montani 等（2017）
工作行为	创造力	叶晓倩等（2020）、杜鹏程等（2014）
	网络闲散行为	陈前（2019）
	沉默行为	史灿灿（2017）
	退缩行为	董进才和王浩丁（2018）
	工作绩效	Yuan 等（2014）
非工作领域	工作家庭关系	何慧（2020）
	工作家庭冲突	陈礼花（2017）

2.5　调节焦点相关研究

2.5.1　调节焦点的内涵和维度

Higgins（1997，1998）提出，在人们追求快乐和避免痛苦的过程中存在重要的认知和行为差异，并据此提出了两个截然不同的享乐自我调节系统，一个被称为促进型调节焦点，另一个被称为防御型调节焦点。当以促进型焦点为中心时，人们受到成长和发展需求的激励，他们试图使自己的实际自我与理想自我（基于自己希望成为什么样的人的愿望和愿望的自我标准）保持一致。当以防御型焦点为中心时，人们会对安全需求做出反应，他们试图将自己的实际自我与应该自我（基于感觉到的职责和责任的自我标准）相匹配。Dholakia 等（2006）进一步区分了它们之间的差异，包括以下三点：

第一，在这两个焦点中，行为是通过不同的方式进行调节的。在促进型焦点中，个人的行为是由理想控制的，即人们希望实现和努力追求的愿望和成就。相反，预防型焦点通过关注应当做的事来调节行为，即职责和责任。

第二，在这两个焦点中，目标追求的框架设定存在差异。以促进型焦点为中心的个人倾向于采取追求成功的渴望接近策略，因此他们从"收益"和"非收益"的角度来构建目标追求；以防御型焦点为中心的个人倾向于采取避免失败的谨慎回避策略手段，因此他们从"损失"和"非损失"的角度来构建目标追求。在促进型焦点下，个人的战略倾向是接近他或她希望达到的状态。这些人更渴望避免遗漏的错误（即错过了一个完成某件事情的潜在机会），从而导致最初的行动倾向。相比之下，防御型焦点有助于避免与他或她希望达到的状态不匹配，以保持现状和保护自己免受损失为方向。因此，这些人更喜欢避免错误的认知或行为（即犯错）。这些差异已经表明，通过更加善于改变的以促进型焦点为中心的个人可以形成一种更具探索性的信息处理方式。

第三，两个调节焦点之间的第三个区别是动机差异。先前的研究表明，以促进型焦点为中心的个体比以防御型焦点为中心的个体具有更高的动机水平。相比以防御型焦点为中心的个人，以促进型焦点为中心的个人在目标追求上的更大坚持、在经历失败而没有放弃之后更大的反弹和更高的绩效、在目标追求过程中更大的改变计划和使用替代策略的能力以及更高的成就标准等方面都具有更为明显的差异。

那么，防御型焦点和促进型焦点之间的关系是什么呢？在这方面，学术界有两种主要观点：一种是两者相互抑制，也就是说两者不能共同存在（Sengupta & Zhou，2007），如果促进型焦点被激发，那么防御型焦点将被自动抑制。另一种是它们彼此独立，互不影响，既可以同时存在，也可以单独存在某一个。Higgins等（2001）认为，调节焦点理论与Gray（1990）的自我调节系统（Self-Regulatory System）密切相关。其中，促进型焦点与行为唤醒系统（Behavioral Arousal System）相似，防御型焦点与行为抑制系统（Behavioral Inhibition System）相似。行为唤醒系统控制欲望动机，对积极结果更为敏感；行为抑制系统控制厌恶动机，对消极结果更为敏感。由于行为唤醒系统和行为抑制系统各自代表着不同的神经系统生理结构，因此两者的敏感性是相互独立的。因此，促进型焦点和防御型焦点也应该相互独立。

促进型焦点和防御型焦点的差异如表2-6所示。

表2-6　促进型焦点和防御型焦点的差异

类别	促进型焦点	防御型焦点
需求类型	成长需求	安全需求
期望	追求"理想"的自我，关心"希望"和"抱负"，总是更加关注自己的成长和自我实现	追求"责任"自我，关心"需要"和"安全"，往往自满、保守，总是更加注重"任务"和"责任"
情境	获得—不获得	损失—不损失
目标策略	采取追求成功的渴望接近策略	采取避免失败的谨慎回避策略
结果反应	对积极结果更为敏感	对消极结果更为敏感

2.5.2　个体层面调节焦点相关研究

2.5.2.1　个体层面调节焦点的影响因素

从多层次的角度出发，学者认为影响调节焦点的主要因素有三个层面：群体层面和个体层面（见表2-7）。群体层面的影响因素主要包括领导风格和行为、角色榜样、团队安全氛围；就个体层面而言，影响因素主要包括四个方面：个性特征、情感、目标导向和员工企业家精神。

表 2-7　调节焦点的影响因素

层次		因素	学者
群体层面	领导风格和行为	悖论式领导	侯昭华和宋合义（2021）
		领导过程	Kark 和 Van-Dijk（2007）、Brockner 和 Higgins（2001）
		服务型领导	Neubert 等（2008）
		领导的调节焦点	Johnson 等（2017）
		变革型领导、交易型领导	Kark 等（2015）
	角色榜样		Lockwood 等（2002）
	团队安全氛围		Wallace 和 Chen（2006）
个体层面	个性特征		栾贞增和张晓东（2021）、Gorman 等（2012）、Vaughn 等（2008）、Wallace 和 Chen（2006）
	情感		Summerville 和 Roese（2008）、Lanaj 等（2012）
	目标导向		Lanaj 等（2012）、Johnson 等（2011）
	员工企业家精神		甘罗娜等（2020）

2.5.2.2　个体层面调节焦点的作用结果

学者们主要探究了调节焦点对组织承诺、工作绩效、创造力与创新行为等产生的预测和调节作用，以及调节焦点在领导和下属工作行为、工作绩效、工作态度之间的调节作用（见表 2-8）。

表 2-8　调节焦点的作用结果

变量	学者	主要研究结论
组织承诺	Meyer 等（2004）	以促进型焦点为中心的员工往往形成情感承诺，而以防御型焦点为中心的员工更可能通过尽最大努力遵守社会规范来形成规范承诺和持续承诺
工作绩效	Wallace 和 Chen（2006）	具有高度促进型焦点的员工能够更高效、快速、有效地完成工作，进而提高生产绩效，而具有高度防御型焦点的员工能够更准确、更安全地完成工作，进而提高安全绩效
	吴志明等（2013）	下属的促进型焦点在情境绩效中对人际疏导和工作绩效都有显著影响，而下属的防御型焦点只对任务绩效有显著影响
	宋一晓等（2021）	促进型焦点能够正向调节动态工作环境通过任务重塑与任务绩效的间接关系，但防御型焦点的调节作用并不显著

续表

变量	学者	主要研究结论
创造力与创新行为	Wu 等（2008）	领导者的促进型焦点对员工的创造力有积极的预测作用，而防御型焦点与创造力之间没有显著关系
	Henker 等（2015）、Neubert 等（2008）	促进型焦点可以通过提升员工的问题识别、信息搜索、编码能力从而增强他们的创造力
	Liu 等（2020）	促进型焦点和防御型焦点能够强化或缓冲工作相关认同差异与员工创新行为之间的负向关系
领导和下属的工作行为	De Cremer 等（2009）	防御型焦点在自我牺牲领导与下属亲社会行为之间具有调节作用
	Graham 等（2015）	如果下级的促进型焦点水平较低，无论领导层使用的信息框架是"获得"还是"丧失"，变革型领导和交易型领导的不道德行为对上级组织都没有显著差异。但当下属促进型焦点水平较高时，如果领导层使用"损失"的信息框架，则变革型领导的不道德行为对组织的影响将显著高于交易型领导
	Liu 和 Xiang（2020）	领导的鼓励探索行为与员工学习取向显著正相关，而领导的引导学习行为与员工学习取向呈倒 U 型关系。当员工的促进型焦点较低时，领导的鼓励探索行为与员工学习取向呈显著正相关。然而，当他们的防御型焦点较低时，员工的学习取向会随着学习行为指南的增加而增加，在上升到中等水平后下降
领导和下属的工作绩效	Stam 等（2010）	愿景沟通可以给下属创造实现理想自我的机会，当下属成为愿景的核心时，这更是一个有利于下属提高工作绩效的过程。当员工具有较高的促进型焦点时，愿景沟通对其工作绩效的促进作用更为明显
	李磊和尚玉钒（2011）	当下属促进型焦点较高时，情境促进型焦点对创造力有较强的正向影响，情境防御型焦点对创造力的负面影响较小
	李磊等（2012）	当促进型焦点较高的下属获得促进型领导的成功反馈时，他们往往表现出最高的创造力水平
	雷星晖等（2015）	下属的促进型焦点趋势越强，谦卑型领导对下属自我效能的积极影响越大。如果下属有较高的防御型焦点，谦卑型的领导对下属的心理安全会具有较强的增强作用
领导和下属的工作态度	Hamstra 等（2011）	变革型领导对离职倾向的负面影响只出现在高促进型焦点情境中，而交易型领导对离职倾向的负面影响只出现在高防御型情境中
	Voigt 和 Hirst（2015）	促进型焦点越高，对离职倾向的负面影响越大
	史青（2011）	促进型焦点越高，越容易削弱变革型领导满意度和组织承诺的积极影响；防御型焦点越高，越可能提升变革型领导满意度和组织承诺的积极影响

2.5.3 团队层面调节焦点相关研究

共享调节焦点是一个多层次的结构，代表了团队自我调节促使行动与团队目标一致的过程（Johnson & Wallace, 2011; Dijk et al., 2020）。通过建立对群体需求和价值观的共同理解，群体可以调节朝向集体目标的行为。对群体目标广泛的定量和定性研究发现，群体目标提高了个人和团队的生产力和满意度，因为群体目标是驱动集体行为规范的共同最终状态（Johnson et al., 2015）。相比个体层面的调节焦点，调节焦点在群体层面的相关研究目前仍然较少。

（1）团队调节焦点的影响因素。有学者研究发现团队氛围、晋升压力等因素有利于团队调节焦点的形成。Rietzschel（2011）发现，团队中高水平的创新氛围（即鼓励创新和实验）导致团队促进焦点的形成并提高了团队的创新行为。Levine 等（2000）通过操纵三人小组引导促进焦点或防御焦点来研究导致团队战略方向趋同的过程。小组成员被分配记忆识别任务，在任务中，他们共同决定是否记住列表中的一个词。实验结果表明，在晋升条件下，小组成员对某个词的出现与预防条件做出了风险更大的决定。这项研究证明了在团队目标努力过程中，调节焦点是集体的控制行为。

（2）团队调节焦点的作用效果。团队调节焦点能够对团队的创新表现、绩效等产生影响，也会作为调节因素对团队的决策表现、创新力等产生影响。Faddegon 等（2009）的研究表明，在字谜任务中，长期的调节焦点会影响团队创造性的表现。Beersma 等（2013）发现，以共享防御焦点为中心的团队在实现团队目标而非个人目标时取得了更好的结果，而目标相互依赖性并未影响以共享促进焦点为中心的团队的成功。Sacramento 等（2013）发现，要求很高的工作对具有较高促进焦点的个人来说会产生更好的创造力，而团队促进焦点则缓和了挑战性压力对团队创造力的影响。Florack 和 Hartmann（2007）发现，在模拟投资任务中，无论是在讨论内容上还是在随后的决策上，以防御型焦点为主的小组都比以促进型焦点为主的小组更倾向于规避风险。Shin 等（2015）提出，共享促进型焦点和共享防御型焦点作为关键的激励状态，能够调节团队文化和团队绩效之间的关系。彭伟等（2020）研究了团队调节焦点在辱虐型领导和团队创造力之间的作用，发现团队防御型调节焦点能够影响辱虐型领导通过差错规避氛围影响团队创造力的中介效应的强度，而团队促进型调节焦点的调节效应却并不显著。

2.6 相关研究评述

总体来看，国内外学者围绕工作不安全感开展了广泛的研究，从不同角度诠释了工作不安全感的概念内涵并开发了相应测量量表，而且从压力、社会交换等理论视角探索了工作不安全感对员工工作态度、行为以及身心健康的影响，为工作不安全感的后续研究奠定了良好的基础，但仍存在以下一些不足：

（1）工作不安全感的作用效应尚无一致性定论。学者们研究工作不安全感产生的作用效应主要有四种理论视角（压力视角、社会交换视角、工作保留动机视角、主动应对视角）。这些理论视角反映了压力和社会交换相关的后果，以及员工为了避免损失而采取的策略，并应主动应对损失。上述四个理论视角主要表明了两种观点：①压力和社会交换视角表明，工作不安全感会造成压力、损害社会交换关系，其结果是降低员工愿意帮助组织的意愿，并使员工的绩效降低；②然而，工作保留动机和主动应对视角表明，工作不安全感是一种正当的刺激，会激励员工更加努力地工作，以达到保留工作的目的，预示着员工会为了避免损失而采取主动的应对策略。这就产生了一个疑问：工作不安全感为何会带来不同的作用效果？即工作不安全感为什么对有些员工来说是消极因素，而对另一些员工来说却是积极因素？传统以动机、社会交换、工作保留等为理论视角的研究得出的结论较为局限，因此有必要引入新的理论揭示工作不安全感产生的效应及发挥作用的边界条件。

（2）工作不安全感氛围的结构维度研究缺乏理论基础。关于工作不安全感氛围维度的划分多是借鉴个人层面的工作不安全感维度，包括工作本身丧失以及重要工作特征的丧失，但是对于目前工作场所中重要的工作特征究竟包括什么并不明确。比如，Hellgren（1999）开发的工作不安全感量表中认为工作不安全感包括职业发展、薪酬奖金、工作能力等方面。Låstad 等（2015）认为工作不安全感包括工资收入、职业发展、挑战性工作。胡三嫚（2008）对工作不安全感的维度进行了细化研究，提出了工作数量不安全感、工作执行不安全感、薪酬晋升不安全感、过度竞争不安全感、人际关系不安全感的工作不安全感五维模型。可以看出，工作不安全感维度的划分并没有形成统一的意见，究其原因在于，在分析工作不安全感维度时缺乏相应的理论基础作为支撑，多数研究者是根据对员工的个案访谈、现有文献资料的整理得到的。这种研究方式过于依赖研究对象，缺乏理论基础指导以及工作不安全感结构维度的不统一使将工作不安全感上升到工作不安全感氛围时受到了限制。

（3）工作不安全感氛围的测量方式有待优化。当把工作不安全感作为一种社会现象时，目前关于如何将其进行操作化衡量的研究还并不成熟。有些研究采用直接共识模型，调查个人对自己工作不安全感的总体看法，然后将其聚合到组织层面，即工作不安全感氛围反映的是群体中个体的综合工作不安全感感知。但有学者指出，这种直接聚合的研究方法是对个人工作不安全感测量题项的综合分析，反映的是个体感知的相似性，因此该方法不涉及员工是否意识到其工作场所存在工作不安全的氛围。而工作不安全感氛围的定义指出，当员工集体担心工作的连续性时，就会出现工作不安全的气氛，工作不安全的氛围可以通过一个感官化的过程来塑造（如员工之间的互相交流）。而且个人对自己处境的看法可能与他对工作中社会氛围的看法不完全相同，也就是说，个人是否经历工作不安全感与集体层面是否存在工作不安全感氛围并不存在直接的联系。因此，作为直接共识模型研究方法的补充，参照物转移共识模型应该被引入，以便可以直接测量个人对工作不安全氛围的看法。同时，目前国内少数关于工作不安全感氛围研究的测量也是直接借用国外的直接共识模型量表，而量表在不同文化中的适用性以及量表的开发思路限制了工作不安全感氛围在国内研究的进一步开展。

（4）缺少对工作不安全感群体属性作用效果的研究。随着团队工作模式在企业中的作用越来越重要，群体层面工作不安全感氛围对于理解团队心理和行为的内在机制具有重要作用和意义，因此工作不安全感氛围的研究越来越受到重视。国外有学者开始从群体的视角关注工作不安全感氛围如何对员工个人的满意度、幸福感等产生负面影响，但鲜有从工作不安全感氛围的角度考察对其组织、团队所产生的影响。工作不安全感氛围作为具有社会属性的群体层面的变量，是否也会与个体层面的工作不安全感类似，对组织或团队产生不一样的作用效果？因此，有必要对工作不安全感氛围在群体层面的作用效果开展研究。

基于此，本书以理论文献为基础，从实践问题出发，开展以下研究：①引入新的研究视角——压力交互理论和调节焦点理论，系统揭示个体层面工作不安全感对创新行为产生的权变影响；②根据 ERG 理论和参照物转移模型，构建中国情境下工作不安全感氛围的结构维度，并开发中国情境下工作不安全感氛围测量量表；③将压力交互理论和调节焦点理论拓展至团队层面，探究工作不安全感氛围对团队创新行为的权变影响机制。通过本书的研究，以期在一定程度上丰富工作不安全感的研究理论，拓展压力交互理论和调节焦点理论的应用范围，为中国组织中工作不安全感的应对和创新行为的权变管理提供指导。

3 理论基础及研究模型构建

3.1 理论基础

3.1.1 压力交互理论

压力交互理论（Transactional Theory of Stress）是一种基于评估的压力理论，描述了一个涉及认知评价和应对反应的主观过程（Lazarus & Folkman，1984）。评价可以是有意识的，也可以是无意识的，并且受到情境、时间和个人因素的影响。应对是为了使情况更易于管理而做出的认知和行为上的努力（Lazarus & Folkman，1987）。

压力交互理论认为，压力不单独存在于人身上或环境中，而是存在于人与环境的结合中，压力的本质是一种人和环境相互作用的关系，压力的产生过程是一个受个体心理调节的过程。人与环境相结合的评价过程涉及两个重要的评价过程：初级评价（Primary Appraisal）和次级评价（Secondary Appraisal）。初级评价是给任何事件或情景赋予意义，判断其是否会对自身产生威胁。如果有威胁，个人会认为这种情景是有害的（已经对自身造成损失）、具有威胁性的（包含损害或损失的可能性）或具有挑战性的（掌握或受益的可能性）。次级评价是指个人可以做什么，是个体对内外部应对资源的评估过程。在这个阶段，个人关心的是自己可以做些什么，以及如何最好地应对这种情景。在任何事件中，这两个评价过程都高度依赖，没有先后之分，两者会同时进行并且相互影响（Folkman et al.，1986）。初级评价和次级评价汇聚在一起，以确定人与环境的交互是否被视为对个体具有重大意义，如果是，它主要具有损害性、威胁性还是具有挑战性。例如，若个体认为自己没有能力克服这一压力或攻克某一压力并不能带来可观收益，个体会倾向于将该事件定义为具有威胁性的或损害性的，更多地将压力视为阻碍性压力；反之，当个体有较多的内部资源应对这一压力或从某一情境中可以获得较大外部收益时，个体多认为该压力是挑战性压力。

应对的两种方式分别是调节紧张情绪（以情绪为中心的应对）和改变引起焦虑的人—环境关系（以问题为中心的应对）。这两种应对方式被应用在大多数压力交互过程中，并且应对方式的使用会因对情景的评价而不同（Folkman & Lazarus，1985）。Folkman 等（1986）发现，个体在他们认为可以改变的情景中使用了更多的以问题为中心的应对方式，在他们认为不可改变的情况下使用了更多的以情绪为中心的应对方式。当个体将情境评价为损害或威胁时，倾向于采取消极的应对方式；而当个体将情境评价为挑战时，更愿意采取积极的应对方式。作挑战性评价的个体会比作威胁性评价的个体付出更多的努力并且表现更好。压力交互理论被广泛应用于各种压力源对个体心理、行为产生的影响的研究中（王笑天等，2016；曹怀龙，2014；Hulbert-Williams et al.，2013）。

3.1.2 调节焦点理论

虽然以往的理论和研究都考虑了员工的情感体验与工作态度和行为之间的关系，但组织行为学者对影响人们情感体验的性质和程度的心理过程的关注却少得多。除传统心理学外，人们的行为遵循"享乐主义"的原则，倾向于最大限度地快乐和最小化痛苦，并遵循"逃避痛苦和追求幸福"的规律。但 Higgins（1997）认为，"享乐主义"原则不能用来解释人类在"逃避痛苦和追求幸福"行为中使用策略的差异。为了探讨人类行为动机的本质，Higgins（1997）提出了调节焦点理论（Regulatory Focus Theory，RFT），目的是对人类动机进行新的解释。调节焦点理论特别关注人们情感体验的性质和程度，并且可以通过扩展来帮助阐明他们的工作态度和行为。

自我调节是指人们试图使自己（即自己的行为和自我概念）与适当的目标或标准保持一致的过程。根据调节焦点理论，我们的生存取决于两个基本需求：安全需求和成长需求。有两种不同的调节系统对应着这两种不同的需求满足。当个人的需求得到满足时，他们会感到幸福；当需求不能得到满足时，个人会感到痛苦。与安全需求相关的控制系统被称为防御型焦点（Prevention Focus），它会积极调整人们远离处罚的行为，使人们倾向于关注消极的行为。与成长需求相关的控制系统被称为促进型焦点（Promotion Focus），它会积极调整人们获得奖励的行为，使人们倾向于关注积极的行为。这些调节焦点以不同的方式运行以满足个人需求。持促进型焦点的个人往往追求"理想"的自我，关心"希望"和"抱负"，总是更加关注自己的成长和自我实现。以防御型焦点为主的个人往往自满、保守，总是更加注重"任务"和"责任"，关心"需要"和"安全"。Higgins（1997）认为，促进型焦点的重点是强烈理想的结果，看重"获得或不获得"的形势和增长需要；防御型焦点的重点是强烈义务的结果，看重"损失或不损失"的形势和安全需要。调节焦点具有长期性和情境性、个体性和团队性。

3.1.2.1　长期性和情境性

调节焦点的性质定义为长期性（Chronic）和情境性（Situational）。长期调节焦点是在成长过程中逐渐形成的一种人格倾向，是一种长时间的调节倾向，也被称为特质调节焦点（曹元坤和徐红丹，2017）。情境调节焦点又称短期调节焦点，是特定情境和任务框架信息诱发的一种人格倾向。Higgins（1997，1998）认为，长期调节焦点是个体在成长过程中受父母教养方式影响的一种稳定的自我调节倾向。家长对孩子成长需求的发展更加关注，往往会培养孩子的主动性和自主性，进而形成促进型焦点。同时，家长对保护子女免受伤害的重视程度越高，则越倾向于形成更高的安全感和责任感，进而形成防御型焦点。在情境调节焦点的形成上，强调增长需求、实现理想和潜在利益的情景诱导更容易诱发促进型调节焦点；强调安全需求、履行义务和潜在损失的情景诱导更容易诱发防御型调节焦点。总之，调节焦点既受个体过去成长环境的影响，也受现状或目标的影响，前者是一种长期的人格特质，后者表现为一种暂时的激励取向。

3.1.2.2　个体性和团队性

作为一种功能性的调节倾向，调节焦点倾向不仅表现在个体层面，它还是一个多层次的结构，代表着团队自我调节以使行动与团队目标相一致的过程，被称为共享调节焦点（Collective Regulatory Focus）（Johnson & Wallace，2011）。共享调节焦点实质为一种群体氛围，指团队成员所感受到的其他群体成员所具有的自我寻求（包括他们的行为和自我概念）与适当的目标或标准的一致性。与个体层面的调节焦点分类相同，群体共享的调节焦点也分为共享促进焦点与共享防御焦点两类。共享调节焦点是从个人的共同需求和价值观发展而来的，由于个体间的相互作用形成一种共同的群体倾向，影响群体目标和行为的选择（Johnson et al.，2015）。

3.2　工作不安全感与创新行为

　　工作不安全感指的是一个人对工作连续性不确定程度的感知，包括对失去工作本身和失去工作特征（如薪酬、职位等）等威胁的担忧（Greenhalgh & Rosenblatt，1984）。多数关于工作不安全感和创新行为的研究采用压力理论（朱朴义和胡蓓，2014）、资源保存理论（黄爱华和黎子森，2016）、VSR 理论（周浩和龙立荣，2011）等，将工作不安全感看作一种阻碍性压力，认为工作不安全感不仅违背了自主、能力和相关性的基本心理需求，也导致了雇员和雇主之间义务—诱因、投入—结果等交换关系的不平衡，裁员的威胁减弱了员工对支持型工作环境的感受，极大降低了参与者创新性解决问题的能力。因此，以往研究多致力于寻找和消除产生工作不安全感的因素（张亚军等，2015；张莉等，2013），帮助员工处理和应对工作中不安全的感知，为个体提供安稳、舒适、"无忧无虑"的工作环境，以便促使他们能在工作中保持持续投入的状态和产生有效的创新行为。

　　压力被定义为工作场所中需要某种适应性反应的环境事件。尽管压力通常被认为具有普遍的负面影响，但经验结果表明，压力也可能与积极结果相关，如个人主动性。压力交互理论表明，压力的影响可以通过区分为挑战性压力（人们倾向于评价为可能促进个人成长和成就的压力，如工作量、时间压力、工作范围、高度责任等）和阻碍性压力（人们倾向于评价哪些因素可能会限制他们的个人发展和与工作相关的成就，如组织政治、繁文缛节、角色模糊等）来更好地理解。元分析证据支持这一观点，表明挑战性压力与幸福感、组织承诺和工作绩效等呈正相关，与离职意图和离职行为呈负相关；而阻碍性压力与相同的结果呈负相关。阻碍性压力的负面影响通常由经验的中介作用来解释。然而，对挑战性压力影响的解释更为复杂。根据预期理论，LePine 等（2005）认为，挑战性压力会导致动机，因为人们更容易察觉在应对这些需求时所付出的努力与克服这些需求的可能性之间的积极关系，从而实现有价值的结果。阻碍性压力则具有相反的情况。因此，尽管挑战性压力会导致压力，但它们也会通过克服压力造成的消耗的激励增益触发抵消效应。

　　另外，也有一些理论如工作保留动机理论表示，工作不安全感也可能是一种正向刺激，在激发和保持员工工作的积极性、努力性、奋斗性等方面有一定的积极作用（曹懿和穆云红，2017）。因此，过去单一的理论无法解释工作不安全感产生的矛盾效应。本书将采用压力交互理论和调节焦点理论，更加全面、整体地分析工作不安全感对个体创新行为的影响，并进一步将工作不安全感拓展到群体层面，探究工作不安全感氛围对团队创新行为的影响。

3.3 工作不安全感与个体创新行为权变作用效应假设推演

3.3.1 挑战性—阻碍性压力中介作用假设

在过去的研究中，工作场所的压力被视为一种危险的情境，这种情景对个人来说是危险的，因为它超出了个人的管理能力或资源范围，会对个人造成一定的负担（LePine et al.，2016）。作为工作组织的一种特有现象（Zhang et al.，2018），工作压力普遍存在且不可避免（Zhou et al.，2019）。Selye（1982）最初将压力区分为正向压力（Eustress）和负向压力（Distress）。在后来的研究中，Cavanaugh 等（2000）在挑战—阻碍性职业压力模型（Challenge-Hindrance Occupational Stressor Model）中更进一步区分了两种压力：挑战性压力和阻碍性压力。在这个模型中，被认为与某些结果有良好关系的压力被认为是挑战性压力，而那些被认为与结果有不良关系的压力被认为是阻碍性压力（李宗波和李锐，2013）。挑战—阻碍性职业压力模型的研究借鉴了一般压力（非工作）文献中的压力交互理论（Lazarus & Folkman，1984）。压力交互理论指出，环境本身（压力）不是压力反应的直接诱因，对刺激（应激源）的应对和反应取决于如何评估这些刺激的意义（Giancola et al.，2009；Storch et al.，2007）。一个人对环境的评价（初级评估）和对自身能力的评价（次级评估）在压力应对过程中起着关键作用，它被认为是将压力与结果联系起来的重要心理机制之一。

基于压力交互理论，当面临工作本身或工作特征丧失的压力时，个体做出积极或消极的行为策略离不开对内外部资源的评估，一方面是基于对外界组织成本的评估，另一方面是基于个人对自身执行风险预防行为能力的评估。当个体认为工作中的变革、未来的愿景描绘是有可能获得奖励（如认可和表扬）、掌控和成长的，并且认为这种要求在自己的能力范围之内，自身也有足够的能力和信心来应对这种情境时，那么他就会对工作不安全感做出挑战性的评估，将其视为挑战性压力（Zhu & Wu，2020）。而当个体意识到自身工作不安全感的威胁很严重，这一威胁可能会妨碍职业发展目标的实现，威胁到个人的收益、幸福等，而且威胁的情境要求很高，自己处理这种要求的能力也不足时，他会对工作不安全感做出阻碍性评估，将其视为阻碍性压力（Webster et al.，2011）。基于上述分析，我们提出如下假设：

H1：工作不安全感对挑战性压力具有正向影响作用。

H2：工作不安全感对阻碍性压力具有正向影响作用。

从压力交互理论的角度来看，如果工作场所中的压力被评估为潜在挑战性的情境，那么就会产生积极的以解决问题为导向的行为应对方式，比如增加努力以满足情境的需求。挑战性压力包括较高的工作期望、紧急的时间压力、宽工作范围和高度的责任感（LePine et al.，2005），并被视为有助于实现目标和个人成长（Abbas & Raja，2019；Dawson et al.，2016）。当个人对自己的工作环境有积极的感觉时，他们往往会有积极的情绪，并以有利于组织的方式行事，这就是互惠的准则（Cropanzano & Mitchell，2005；Zhang et al.，2016）。根据互惠规范，在工作环境中经历挑战性压力的个体倾向于感受到对组织的义务（Ng & Feldman，2012），并表现出承诺（Podsakoff et al.，2007）、敬业度（Crawford et al.，2010）和组织忠诚度（Boswell et al.，2004）。此外，挑战性压力鼓励个体克服压力（孙健敏等，2018），与疲劳呈负相关（Anja et al.，2010），并可能提高个体适应和调整组织环境的能力。挑战性压力唤起个体的渴望和信心，从而形成积极的解决问题的应对方式。通过激励个人努力工作，并试图完成手头的任务（Webster et al.，2010），挑战性压力可以使个人体验到活力感和学习感，从而在工作中茁壮成长（Prem et al.，2017）。在此基础上，我们假设挑战性压力可能会激发内在的创造性行为（杨皖苏等，2019；王甜等，2019）。

根据 Cavanaugh 等（2000）的压力框架，阻碍性压力作为对工作环境中需求的威胁性评估，包括角色模糊、人际冲突、组织政治和繁文缛节等（LePine et al.，2005；Zhang et al.，2014），阻碍和有害于个人成长和目标实现（Crawford et al.，2010；LePine et al.，2016）。这对于个人职业发展和与工作相关的成就来说是一种负担和潜在的危害。大量研究还表明，阻碍性压力负向影响工作态度、工作满意度、工作自我效能感，正向影响反生产行为和退缩行为（Rodell & Judge，2009）。元分析也表明，有阻碍性压力的个体认为压力需求不必要地阻碍了个人的成长和成就并可能经历负面情绪（Matta et al.，2014），这也会导致心理安全水平较低（Liang et al.，2012）。因此，个人将采取消极的应对方式，减少从事超出工作职责以外的任务，避免做出可能不被认可的创新性行为，以减少受到惩罚或误解的风险。当员工在工作场所遭受阻碍性压力时，他们倾向于将工作环境视为一个贡献和回报不一致的地方，互惠规范受到破坏，阻碍性压力往往会挫败他们为组织带来利益的动机，减少有助于组织改善绩效的任何一种创新行为（Li et al.，2017）。基于上述分析，我们提出如下假设：

H3：挑战性压力对个体创新行为具有正向影响作用。

H4：阻碍性压力对个体创新行为具有负向影响作用。

基于压力交互理论，工作不安全感的应对是情境要求与处理这种要求的能力之间的相互结果。如果情境要求很高，但个体认为这种要求在自己的能力范围之内，就会对情境做出积极应对评价；相反，如果情境要求很高，而个体觉察到自己处理这种要求的能力不足，则会做出退缩，放弃评价。前文论述了个体在经历工作不安全感时，当评估到外部环境具有较大收益，并且自身有足够的信心克服这一压力时，个体对工作不安全感的看法由消极、损耗转变为了积极、挑战，进而激发主动应对的策略，做出更多被组织看重的创新行为来提升自我的积极形象和对未来把控的能力，以此降低未来遭受损失的概率。相反，如果个体在经历工作不安全感时知觉到无法获得上级满意或认可等好处，他则会将工作不安全感评估为具有阻碍性的，并且认为消耗更多的资源从事角色以外且具有一定风险性的创造性行为是无用的，来自未来不确定性威胁的压力将会阻碍个体做出主动应对策略。基于上述分析，我们提出如下假设：

H5：挑战性压力在工作不安全感与个体创新行为关系中起中介作用。

H6：阻碍性压力在工作不安全感与个体创新行为关系中起中介作用。

3.3.2　调节焦点的调节作用假设

许多研究探讨了挑战性压力和阻碍性压力的概念以及它们与工作结果的关系。然而，关于压力与个人特质之间相互作用的研究较少。由于个人特质在决定如何看待压力以及它如何影响工作结果方面是至关重要的，因此需要更深入地研究人格特质和压力如何相互作用来预测结果。工作不安全感代表着对潜在威胁事件的适应性反应，这种适应性反应是一种尝试和测试的应用行为还是一种创造性的开发行为，将取决于个人是更强烈的促进焦点还是防御焦点。

一直以来，研究者都认为个体是"接近快乐和回避痛苦"的，享乐原则在动机研究中占主导地位。但是，这个原则不能解释人们如何避免缺点，也不能解释一些看似矛盾的现象。例如，为什么积极反馈有时会提高绩效，有时会阻碍绩效呢？为什么目标期望和目标价值最大化并不总能提高个人对目标的承诺？Higgins（1997）提出了调节焦点理论，扩展了基本享乐原则，即人们主动寻求快乐和避免痛苦，并且对人们的动机做出新的解释，揭示了人类如何接近积极目标并避免消极。调节焦点理论将目标导向的自我调节区分为两个独立的调节系统：促进调节焦点和防御调节焦点。

促进焦点和防御焦点与不同的期望最终状态（目标）和实现这些目标的不同策略相关。研究表明，有很强促进焦点的人对积极结果的存在与否很敏感，对机会很警觉，对目标采取接近的、热切的策略。相比之下，具有强烈防御焦点的人强调安全和避免损失，对负面结果的存在与否敏感，关注威胁的可能性并采用避免、警惕的策略（Crowe & Higgins，1997）。我们认为，由于工作不安全感是对未来事件的感知而非当前情境中已经存在的事件，在具有强烈"获得"倾向的以促进焦点为导向的个体中，他们通常将工作中出现的不安全感看成一种挑战性的压力，期望通过自己的主动努力克服"无获得"的未来情景，由此激发出个体的未来提升策略，即渴望策略。这种热切做法的特点是更倾向于犯错误而不是疏忽，并希望不错过任何机会（Liberman et al.，2001）。这也将促使个体针对情境需求展示出更多不同的解决方案，无形中促进了创造力的提升。相反，在具有较强防御倾向的个体中，他们对"损失"结果更敏感，在感知到工作中存在不安全感时，更多地会产生消极的心理体验，更倾向于将工作不安全感看成阻碍性压力。由于其对不利线索的接受能力有限，工作中的不确定性将加强个体预防策略的使用，即采用更为回避、警惕的方法。这些人将采用众所周知的、经过考验的方法，从而导致更保守、更缺乏创造性的反应。

此外，在面临工作不安全感时，调节焦点系统也会通过影响可用认知元素的范围来影响认知过程。从本质上讲，创造过程涉及在认知元素之间建立新的联系，以便产生可以被选择来解决特定问题的想法。但是，只有那些在创造过程中被激活的认知元素才能用来产生新的观念。因此，可获得的认知元素范围越广，发生异常关联的可能性就越大，可获得创新性想法的范围就越大。实证研究表明，促进焦点与更全面的全局处理方式有关，更多地依赖启发式方法；而防御焦点与分析思维、准确性以及更集中和更本地化的处理方式有关（Friedman & Förster，2000；Semin et al.，2005）。对于以防御焦点为主的个体来说，阻碍性的压力将激活个体相关的谨慎处理风格；反过来，这将增强对最初检索到的认知元素的注意力坚持，从而抑制探索更多的新认知元素范例。相比之下，对于具有促进焦点的个人而言，挑战性压力水平的提高会激活相关的更开放的处理方式，这有助于通过减轻检索阻塞来探寻更多新的反应，从而激活更多更加不同的认知元素范例（Friedman & Förster，2000）。因此，防御焦点代表了一种更为保守、坚持不懈、规避风险的处理方式，减少了可用于产生创造性见解的资源。相比之下，与促进焦点相关的更全面的处理方式允许在更大的认知元素集合之间建立更多的联系，从而促使产生更具创造性的解决方案。

除影响认知过程外，调节焦点还影响个人的决策和行为。这种情况的发生方式可能会导致个体对工作不安全感产生不同的压力反应。与那些具有强烈防御焦点的人相比，具有较强促进焦点的个体更倾向于从事风险行为，而风险的承担与创造力有关（Dewett & Denisi，2007）。工作不安全感需要适应一种情况，需要决定是否尝试一种新的解决方案来克服当前的需求。面对这种情况，我们认为以促进焦点为导向的个体更有可能选择风险更大、未经尝试的解决方案，因此往往更具创造性。相比之下，以防御焦点为中心的个体更愿意采取经过尝试和考验的行动以应对逆境，从而选择更安全、更保守、更缺乏创造性的应对措施。

因此，在面对工作不安全感时，以促进焦点为中心的个人更倾向于将其视作挑战性压力，不仅有更广泛的解决方案，而且更有可能选择具有风险和创造性的解决方案。相反，以防御焦点为中心的个人更倾向于将工作不安全感视作阻碍性压力，不仅有更窄、更不具创造性的解决方案集，他们还倾向于追求更安全、创造性更小的解决方案。基于上述分析，我们提出如下假设：

H7：促进型焦点在工作不安全感影响挑战性压力中起调节作用，即当促进型焦点较高时，工作不安全感对挑战性压力的正向影响更强。

H8：促进型焦点调节工作不安全感通过挑战性压力作用到个体创新行为的中介作用，即当促进型焦点较高时，工作不安全感通过挑战性压力影响个体创新行为的中介作用更强。

H9：防御型焦点在工作不安全感影响阻碍性压力关系中起调节作用，即当防御型焦点较高时，工作不安全感对阻碍性压力的正向影响更强。

H10：防御型焦点调节工作不安全感通过阻碍性压力作用到个体创新行为的中介作用，即当防御型焦点较高时，工作不安全感通过阻碍性压力影响个体创新行为的中介作用更强。

3.4 工作不安全感氛围与团队创新行为 权变作用效应假设推演

我们不仅分析了个人层面工作不安全感对创新行为的权变作用效应，而且进一步将我们的研究扩展到团队层面。考虑到团队工作的普遍性以及工作不安全感氛围相关研究的号召性，本书的一个明显延伸就是研究工作不安全感个人层面的影响是否在团队层面的工作不安全感氛围中也表现出来。为此，我们整合了压力交互理论、调节焦点理论、有关团队作为信息处理者群体动力学的文献，以论证团队在应对工作不安全感氛围时如何产生不同程度的创造性。

3.4.1 团队挑战性—阻碍性压力的中介作用假设

在团队中，压力被定义为"某些环境要求，它会唤起一种评估过程，在这种过程中，团队感知到的要求超过了拥有的资源并会导致不良的生理、心理、行为或社会结果"（Salas et al.，1986）。过去许多研究都说明了团队中压力的负面影响（姚柱等，2020）。虽然这种基于反应的研究有助于确定团队在压力下的反应类型，但压力应对过程的复杂性需要进行更多方面的调查。Cavanaugh 等（2000）开发了一个用于研究各种环境需求产生不同影响的理论模型：挑战—阻碍职业压力模型。基于压力交互理论，该框架将环境压力分为挑战性压力和阻碍性压力。当员工认为情境具有挑战性或潜在回报时，压力会对个体的态度和绩效产生积极影响，而被视为阻碍因素的压力会对个体产生消极影响。压力通常被概念化为个体层面的变量，个人层面挑战性压力的积极作用和阻碍性压力的负面影响已经被广泛证实。然而，考虑到个体评价给定压力的方式受个体嵌入的社会背景的影响（Hobfoll，2001），同一团队的成员通常暴露于相似的压力下，他们以相同的方式处理这些压力，因此很大程度上会显示出相似的反应（Drach-Zahary & Freund，2007）。因此，研究人员已经开始将它们视为团队层面的现象。据此，我们也将挑战性压力和阻碍性压力概念化为团队层级的结构，即团队挑战性压力和团队阻碍性压力。

虽然压力交互理论中的初级和次级评估过程已经在个人层面得到了明确阐述，但我们希望将该模型扩展到团队层面。由于压力评估嵌入在团队的社会背景中，团队成员会以相对相似的方式处理环境刺激（刘超，2020）。当团队成员相互交流并分享他们的看法和关注点时，个体的评价将与其他团队成员趋于一致。经过分析和讨论的过程，团队成员之间的认知评价趋于一致，而情感评价由于情感传染而变得更为相似。因此，团队成员和个人一样，在面对工作不安全感氛围时，他们将从潜在的危害或好处以及自身应对能力的角度来感知环境需求。当团队成员将这种情况视为成长或可以掌握的机会时，将会对工作不安全感氛围做出挑战性压力的评估（Razinskas et al.，2015）；而当他们将这种情境视为实现目标的可能障碍或超出团队的能力范围时，将会对工作不安全感氛围做出阻碍性压力的评估。基于上述分析，我们提出如下假设：

H11：工作不安全感氛围对团队挑战性压力具有正向影响作用。

H12：工作不安全感氛围对团队阻碍性压力具有正向影响作用。

压力交互理论中的行为应对策略在团队层面也具有共享性。团队成员的行为反应会受到成员之间情绪传染的刺激，通过这种传染，相互依赖的团队成员从他们的队友那里获得情绪信号，从而将他们的情绪状态汇聚在一起（Ilies et al.，2007）。当团队成员遇到挑战性压力时，他们会将这种情况视为一个机会，并用以问题为中心的应对策略来应对。团队个体不仅会提高自己完成职责和任务的努力程度（LePine et al.，2005），团队成员也将积极讨论问题和可能的解决方案，以帮助他们实现团队的目标。这使集体动机、团队适应性和团队应对风险的能力大大增强（刘新梅和陈超，2017），更有利于创造性目标的实现（Lee et al.，2015）。当团队成员遇到阻碍性压力时，他们会将这种情况评价为消极和约束性的，然后团队倾向于以情绪化、回避式的应对方式应对阻碍性压力，导致承诺降低及个人绩效和创造力的降低（宋君，2018）。这种回避的应对方式会促使成员脱离团队互动和责任，因为他们将注意力集中在处理各自独立的职责上。阻碍性压力也会降低团队的积极性，因为它们被视为实现目标的障碍。这种团队内部积极性的降低和团队目标的分散非常不利于团队创造性的发挥（姬玉，2018）。基于上述分析，我们提出如下假设：

H13：团队挑战性压力对团队创新行为具有正向影响作用。

H14：团队阻碍性压力对团队创新行为具有负向影响作用。

当团队成员将工作不安全感氛围视为机遇而不是威胁时，团队成员将保持积极的态度并对自己应对压力的能力更有信心。当团队成员采取积极的、以问题解决为中心的策略来应对挑战性压力时，他们不仅在精神上集中注意力于工作中，并且在心理上不太可能与团队和任务脱节。这会激发团队成员尝试完成一项共同的、具有挑战性和创新性的任务来应对未来的不确定性（杜鹏程和倪敏，2020）。当工作不安全感氛围被团队成员评估为具有强烈威胁性和阻碍性时，他们将进一步远离他们的任务和团队责任，降低他们与团队的动机、努力和情感联系。当团队之间的沟通渠道关闭时，团队成员难以形成团队的共同目标和追求，团队之间凝聚力的降低进一步削弱团队产生创新性想法和行为的可能性（Pearsall et al.，2009）。基于上述分析，我们提出如下假设：

H15：团队挑战性压力在工作不安全感氛围与团队创新行为关系中起中介作用。

H16：团队阻碍性压力在工作不安全感氛围与团队创新行为关系中起中介作用。

3.4.2 共享调节焦点的调节作用假设

尽管最初的研究将调节焦点概念化为一种个人倾向，但最近的研究表明这也是团队的特征。Levine 等（2000）研究表明，共同完成一项联合任务的个人的行为偏好可以随着时间的推移而趋同，以反映对促进焦点或防御焦点的共同关注。Faddegon 等（2010）创造了术语"共享调节焦点"，将其定义为已成为团队身份的一部分并指导团队成员采取促进或防御导向行为的促进或防御相关目标和策略。在基于团队的自我调节的研究中，Sassenberg 和 Woltin（2009）得出的结论是，有令人信服的证据表明，团队层面调节焦点对团队的贡献超出了个体自我调节倾向的贡献。除了对个人行为的影响，团队调节焦点还可以直接影响团队层面的成果，如团队创新（Rietzschel，2011）。

我们关注团队层面的共享调节焦点，将其概念化为紧急状态变量，并将其定义为团队对促进或防御相关目标和策略的共同方向。由于其理论发展和研究尚处于起步阶段，我们利用个体的调节焦点理论提出共享促进焦点和共享防御焦点将对团队如何应对工作不安全感产生影响。我们认为，工作不安全感氛围和调节焦点的互动效应是通过改变团队动态发生的，如团队沟通过程的性质和更具风险或更保守的决策模式。

群体层面的信息处理是指信息、想法或认知过程如何共享，从而影响群体层面的态度、行为、产出等。与个人相似，团队也根据目的、任务或集体目标处理信息。信息处理方式不仅取决于任务特征，还取决于团队本身的特征，如团队的调节焦点。团队的信息处理方式将反过来影响周围信息的被关注程度，以及如何对这些信息进行编码、存储和检索，最终形成群体响应。调节焦点理论在团队层面的应用表明，具有共享促进型焦点的团队信息处理方式与预期的成功状态有关，而具有较强共享防御型焦点的团队信息处理方式与安全（或风险规避）和责任有关。我们认为，这些信息处理方式的差异将对团队如何应对工作不安全感产生影响。

由于群体似乎夸大了个体间发生的信息处理倾向，因此有理由假设以促进焦点为代表的启发式全局性处理风格以及与防御焦点相关的系统化、集中化处理风格可以转换到团队级别，导致不同的团队信息处理方法（Sacramento et al.，2013）。事实上，团队调节焦点已经被证明会影响团队沟通的性质（Florack & Hartmann，2007）。我们认为，在工作不安全感氛围中，以共享促进焦点为中心的团队在识别任务时偏向于表现出冒险性和积极性，倾向于将其视为挑战性压力。以促进焦点为导向的团队规范将允许更全面的、非结构化的信息交流方式。在这种交流中，成员感到被邀请分享他们的观点，讨论会迅速从一个主题转移到下一个主题，从而导致更多的建议被分享（我们称之为发散式方法）。相反，以共享防御焦点为中心的团队偏向于保守，宁愿错过也不愿冒任何风险，因而在面对强烈的工作不安全感氛围时，他们倾向于将其视为阻碍性压力。面对感知到的威胁，防御焦点规范将强调每个建议的彻底性和系统性处理，以确保准确性和避免错误。这样的团队在分析最初的建议时会坚持更长的时间，并讨论较少的可能性（我们称之为收敛聚合方法），从而导致创造性降低。

此外，与个体层次理论一致，团队调节焦点也会影响团队对工作不安全感做出的决策的风险程度，从而影响团队的创造力。事实上，经验证据表明，促进焦点的群体做出决策风险的可能性更大（Levin et al.，2000）。因此，以促进焦点为中心的团队更有可能用风险更大的解决方案来应对挑战性工作不安全感氛围的挑战，而以防御焦点为中心的团队更有可能用风险更低、已经测试过的解决方案来应对阻碍性的工作不安全感氛围，从而分别提高和降低创造力水平。基于上述分析，我们提出如下假设：

H17：共享促进型焦点在工作不安全感氛围影响团队挑战性压力中起调节作用，即当共享促进型焦点高时，工作不安全感氛围对团队挑战性压力的正向影响更强。

H18：共享促进型焦点调节工作不安全感氛围通过团队挑战性压力作用到团队创新行为的中介作用，即当共享促进型焦点较高时，工作不安全感氛围通过团队挑战性压力影响团队创新行为的中介作用更强。

H19：共享防御型焦点在工作不安全感氛围影响团队阻碍性压力关系中起调节作用，即当共享防御型焦点高时，工作不安全感氛围对团队阻碍性压力的正向影响更强。

H20：共享防御型焦点调节工作不安全感氛围通过团队阻碍性压力作用到团队创新行为的中介作用，即当共享防御型焦点较高时，工作不安全感氛围通过团队阻碍性压力影响团队创新行为的中介作用更强。

3.5 理论模型与研究假设汇总

3.5.1 理论模型

本书根据压力交互理论和调节焦点理论，构建了工作不安全感权变效应的多层次理论模型，具体如下：在个体层面，工作不安全感通过增强促进型焦点个体的挑战性压力认知，进而提升个体的创新行为；工作不安全感通过增强防御型焦点个体的阻碍性压力认知，进而降低个体的创新行为。在团队层面，工作不安全感氛围通过增强共享促进型焦点团队的挑战性压力认知，进而提升团队的创新行为；工作不安全感氛围通过增强共享防御型焦点团队的阻碍性压力认知，进而降低团队的创新行为。该理论模型将为接下来的研究模块提供相应的理论基础，如图 3-1 所示。

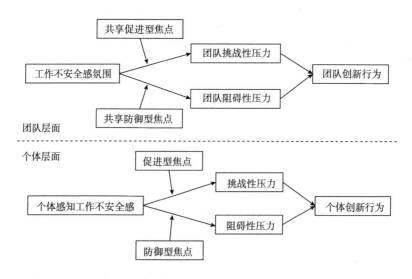

图 3-1 工作不安全感对创新行为权变作用效应的多层次理论模型

3.5.2 研究假设汇总

通过前期理论和变量之间相互概念的论述，得到以下研究假设（见表3-1）。

表3-1 研究假设汇总

假设	假设内容
H1	工作不安全感对挑战性压力具有正向影响作用
H2	工作不安全感对阻碍性压力具有正向影响作用
H3	挑战性压力对个体创新行为具有正向影响作用
H4	阻碍性压力对个体创新行为具有负向影响作用
H5	挑战性压力在工作不安全感与个体创新行为关系中起中介作用
H6	阻碍性压力在工作不安全感与个体创新行为关系中起中介作用
H7	促进型焦点在工作不安全感影响挑战性压力中起调节作用，即当促进型焦点较高时，工作不安全感对挑战性压力的正向影响更强
H8	促进型焦点调节工作不安全感通过挑战性压力作用到个体创新行为的中介作用，即当促进型焦点较高时，工作不安全感通过挑战性压力影响个体创新行为的中介作用更强
H9	防御型焦点在工作不安全感影响阻碍性压力关系中起调节作用，即当防御型焦点较高时，工作不安全感对阻碍性压力的正向影响更强
H10	防御型焦点调节工作不安全感通过阻碍性压力作用到个体创新行为的中介作用，即当防御型焦点较高时，工作不安全感通过阻碍性压力影响个体创新行为的中介作用更强
H11	工作不安全感氛围对团队挑战性压力具有正向影响作用
H12	工作不安全感氛围对团队阻碍性压力具有正向影响作用
H13	团队挑战性压力对团队创新行为具有正向影响作用
H14	团队阻碍性压力对团队创新行为具有负向影响作用
H15	团队挑战性压力在工作不安全感氛围与团队创新行为关系中起中介作用
H16	团队阻碍性压力在工作不安全感氛围与团队创新行为关系中起中介作用
H17	共享促进型焦点在工作不安全感氛围影响团队挑战性压力中起调节作用，即当共享促进型焦点高时，工作不安全感氛围对团队挑战性压力的正向影响更强
H18	共享促进型焦点调节工作不安全感氛围通过团队挑战性压力作用到团队创新行为的中介作用，即当共享促进型焦点较高时，工作不安全感氛围通过团队挑战性压力影响团队创新行为的中介作用更强

假设	假设内容
H19	共享防御型焦点在工作不安全感氛围影响团队阻碍性压力关系中起调节作用，即当共享防御型焦点高时，工作不安全感氛围对团队阻碍性压力的正向影响更强
H20	共享防御型焦点调节工作不安全感氛围通过团队阻碍性压力作用到团队创新行为的中介作用，即当共享防御型焦点较高时，工作不安全感氛围通过团队阻碍性压力影响团队创新行为的中介作用更强

3.6 本章小结

本章基于压力交互理论和调节焦点理论，提出工作不安全感对个体创新行为权变作用效应以及工作不安全感氛围对团队创新行为权变作用效应中各变量之间的理论假设，共得到 20 个假设，接下来将通过定量研究方法实证检验各假设是否成立以及理论模型是否具有有效性和推广度。

4 工作不安全感氛围结构及测量研究

4.1 问题提出与研究目的

本书采用 Greenhalgh 和 Rosenblatt（1984）对工作不安全感内涵的界定，类似地，工作不安全感氛围指的是群体成员对整体工作以及有价值的工作特征（比如薪酬、地位、声望、前景等）失去的共同担忧，即工作不安全感氛围包括数量工作不安全感氛围和质量工作不安全感氛围。质量工作不安全感本身还可以被分解为不同的维度，但具体包含哪些重要工作特征还需要后续的理论与实证研究持续探索（Sverke et al.，2006）。

目前关于工作不安全感氛围维度的划分和测量多是借鉴个人层面的工作不安全感维度。一方面，工作不安全感氛围维度的划分并没有基于特定的理论体系，多数研究者是根据对员工的访谈、现有文献资料的整理得到的，使学者们对重要工作特征包括哪些内容并没有形成统一的意见。Alderfer 的 ERG 理论从动机的角度对不同类型的需求进行了区分，工作不安全感的出现正是由于个体或群体的内在需求在未来可能会达不到预期或即将失去而产生的担忧和恐惧。另一方面，工作不安全感氛围的测量多是采用直接共识模型，是由个体层面对自身工作的不安全感聚合到群体层面。但这种测量方式忽略了个人对自身工作情况的感知和所属群体对工作环境的感知是不同的，直接共识模型并不一定捕捉到了工作场所中存在的不安全感氛围。因此，本书将采用 ERG 理论分析工作不安全感氛围的维度，并根据参照物转移共识模型和 Churchill（1979）提出的量表开发流程开发工作不安全感氛围的测量量表。

4.2　工作不安全感氛围量表开发的理论基础

4.2.1　基于 ERG 理论的工作不安全感氛围结构维度

4.2.1.1　ERG 理论及其相关应用

马斯洛（Maslow）于 1943 年提出了人类需要的五个层次，即生理需要、安全保障需要、归属和爱需要、尊重需要及自我实现需要，被称为马斯洛需要层次理论（Maslow's Needs Hierarchy）。马斯洛认为这五种基本需要按照重要性顺序进行排序和满足。生理需要是人类最基本的需要，必须首先得到满足，其次才是安全保障需要、归属和爱需要、尊重需要及自我实现需要。尽管马斯洛需要层次理论在大众看来具有很强的吸引力和解释力，但学者们也提出了一些质疑，比如马斯洛无法建立经验证据，大多数研究无法验证他的理论。奥尔德弗（Alderfer）尝试将需求层次与实证研究相结合来解决马斯洛需要层次理论的不足和缺失。奥尔德弗在实证研究结果的基础上提出了 ERG 理论来解释需求满足与人类欲望之间的关系，扩展了马斯洛的基本需要并将其细化为生存需要（Existence）、相互关系需要（Relatedness）和成长发展需要（Growth）。生存需要包括维持人类生存所必需的基本需要，如生理需要和安全需要。关系需要是指人们保持重要人际关系的愿望，这是人的社会性、接受性、归属感和地位性需求。成长发展需要代表了人们对个人发展、自我实现和自我成就的渴望。奥尔德弗的 ERG 理论得到了进一步实证研究的支持。与马斯洛需要层次理论相反，ERG 理论没有假设在追求高阶需求之前需要先满足低阶需求。ERG 理论被认为是需求层次结构的一种更有效的版本，并且就工作环境中的动机而言，它已经得到了研究人员的更多支持。奥尔德弗理论的主要优势之一是其专注于特定工作的性质，在该理论中，专门提到了附带福利的薪酬需求、与同事和上级的亲密关系需求以及工作中的成长发展需要满足感，而且这些需要具有并列和同时存在的关系。这与工作不安全感研究中所强调的重要工作特征相一致，因此本书将其作为工作不安全感氛围维度划分的理论基础。

ERG 理论被广泛地应用于关于动机需求分类的研究中。比如，Yang 等（2011）开展了基于人类需求理论的消费者对移动增值服务选择的研究，根据

ERG 理论的三类需求，对电信企业提供的各类增值服务进行分类，认为现有的移动增值业务可以分为生存需求、关系需求和增长需求三类需求，其中生存需求包括紧急救援服务、紧急路边服务、紧急医疗服务、个人投资/理财、交易服务等，关系需求包括短信服务、电子邮件服务、网络游戏服务等，增长需求包括在线学习、电子书、在线翻译等服务。陈诚等（2011）认为，个体动机是影响知识分享最重要、最直接的因素，并以 ERG 理论为基础，从生存安全动机、人际交往动机、成长发展动机三个方面构建了企业导师知识共享行为影响因素模型。其中，生存安全动机包括工作安全感和经济收益，人际交往动机包括师徒个性、人际互惠和人际吸引，成长发展动机包括利他主义、自我实现和自我发展。

4.2.1.2 基于 ERG 理论的工作不安全感氛围结构

在工作场所中，个人或群体动机需求是外在重要工作特征的内在来源，工作场所中的重要工作特征是个体或群体内在需要的外在表现。因此，本书将根据 ERG 理论，对工作不安全感氛围的结构维度进行阐述。

（1）生存需要。

生存需要包括维持基本生存所必需的安全需要、生理需要和物质需要。安全需要主要是指保障个体人身安全（如暴力、危险等）并减少不稳定情绪（如焦虑、恐惧等）的需要；生理需要是指个体保持身体活力的需求，如运动、睡眠、休息等；物质需要是指维持个人生活所必需的资源，如食物、衣物、住房等。对应到工作场所中，生存需要主要体现为对就业状态连续性和薪酬福利的重视。

在日常生活中，当和一个新认识的人开始谈话时，第一个问题一般会问"你是做什么的？"在许多社会环境中，工作为人们提供了一种定义和定位自己与他人关系的便利方式。就业状态可以被定义为一种社会群体，为人们带来一种身份。在日常的安全就业状况下，人们很少会想到他们被雇用的事实（与失业者相比），他们只是继续工作。在这种情况下，作为一个就业者的社会身份对他们来说并不突出，也不太可能影响他们的行为、态度或幸福感。这种情况可能会在就业变得不安全时发生改变。当人们意识到将要成为一个不重要的社会类别或组织外群体（失业）时，他们将与已拥有的社会群体（就业）形成对比。中国早期实行的是计划经济体制，劳动力市场较为稳定，而在改革开放后，随着市场经济体制的出现，传统的一岗定终身式的雇佣方式逐渐被灵活、多元的雇佣方式取代。面对日益激烈的市场竞争环境，为了追求高效的经济利益和保持自身的竞争优势，裁员、重组等组织变革方式和派遣工、临时工、合同工等多元化的弹性雇佣制度被越来越多的企业采纳（Datta et al., 2010）。虽然这些举措一定程度上可以帮助企业降低成本、提高组织效益（Sitlington & Marshall，2011），但此时的组织已无法再为员工提供长期稳定的工作，员工与组织之间牢固的心理契约被打破，经济的衰退和工作性质的巨大变化增加了工作场所的不确定性，这些因素一起导致许多留在组织中的成员感到焦虑、苦恼且害怕失去工作。因此，当雇主没有提供可靠的工作时，员工很可能会经历工作压力和负面情绪反应。我们将组织群体成员对就业状态连续性的担忧称为工作丧失不安全感氛围。

除了有稳定的就业环境，在我们的传统社会里，衡量一个人职业好坏的另一个常用标准是金钱，诸如"我选择的职业报酬如何""与同龄人相比，我的薪酬如何"以及"我的薪水是稳定的还是变化的"等典型的比较方面。工资除了帮助一个人生存和生活，还赋予人们社会地位、威望和安全感。在现代人力资源管理中，薪酬满意度包括四个方面——薪酬水平、福利、加薪、结构和管理，起激励作用的不只是金钱本身，还包括金钱的管理方式，尤其是组织薪酬的分配方式。在以团队合作为主要工作模式的现代企业中，团队薪酬模式的选择逐渐成为研究者和实践者关注的热门话题（刘颖和张正堂，2019；朱琪和关希如，2019；赵海霞和龙立荣，2012）。如果组织想要留住有竞争力的员工和打造高效能的团队，就必须能够为他们提供良好的工作条件、有竞争力的薪酬、就业保障和自主权，其中财务方面尤其是薪酬是上述变量中最重要的，因为每个员工都需要生计来支撑自己的家庭（Akram，2012）。我们将组织群体成员对薪酬福利丧失的担忧称为薪酬不安全感氛围。

（2）相互关系需要。

相互关系需要包括安全感、归属感和尊重感。人们通常希望被接受并成为一个团体的成员。安全感指的是人与人之间的信任；归属感指的是对一切形式的痛苦（孤立、孤独和距离）的预防、给予他人的爱或接受他人的关怀；尊重感简单地说是指受到他人的尊重，如受欢迎程度、社会地位、优越感、重要性和赞美。这种形式的需要赋予人们生存的价值。在工作场所中，关系需要主要表现为对人际关系的需求。

人们都渴望在工作中与他人建立并保持积极的关系。工作场所人际关系指的是同一个组织中一起工作的个人之间的强烈联系。工作中两个重要的人际关系来源是与上级和同事的关系。领导与下属之间的关系在学术上被称为领导成员交换（张银普等，2020；Mascareño et al.，2020），同事之间的关系被称为团队成员交换（唐于红等，2020；汪曲和李燕萍，2017）。管理者为下属创造的人际工作氛围有助于下属自我价值感和自我决定感的提升。员工可以依靠直接领导交换技术技能和资源，与主管的高质量关系可以促使员工获得更高水平的信任、尊重、支持和鼓励（Sias，2005）。高质量工作场所人际关系的第二大类涉及同伴关系，这种关系被描述为组织中地位相似的同伴之间的等价关系（Reitz et al.，2014）。同事关系是情感支持、职业发展和工具性支持的主要来源，因为同事可能清楚地了解工作经验和条件，以及外部员工无法获得的关于组织的信息（Colbert et al.，2016）。具有良好工作关系的员工，其工作满意度和组织承诺水平就越高，而且他们对任务和目标的不确定性就越小，对绩效的感知也就越好（Tran et al.，2018）。人类具有典型的社交性，除了家庭和家人，工作场所以及工作场所中的同事是人生的重要组成部分，当工作中没有良好的人际关系时，孤立地工作更容易使人产生压力和焦虑，很难做到仅仅为了工作而享受上班的过程。我们将组织中成员对重要人际关系丧失的担忧称为人际关系不安全感氛围。

（3）成长发展需要。

成长发展需要包括自尊和自我实现的需要。自尊的需要是指进行生产生活必要的积极情感体验，包括自我尊重、信心、胜任力等。自我实现是指对自我成就的渴望，比如实现发展个人的兴趣爱好、实现个人发展目标，还包括拥有挖掘自我潜能和帮助他人成长的能力的渴望。在工作场所中，成长需要主要表现为对职业发展的需求和对挑战性工作任务的需求。

职业发展是个体逐步实现职业目标、不断制定和实施新目标的过程。早在20世纪初，学者们就对职业发展开展了广泛的研究，主要包括职业发展阶段理论和职业发展选择理论两大类别。职业发展阶段理论强调不同年龄段对应的职业发展目标有所不同，代表性的观点如萨柏（Super）的职业生涯五阶段理论、施恩（Schein）的职业生涯发展九阶段理论等。职业发展选择理论认为个体职业目标的选择受到因素的影响，比如帕森斯（Parson）的特质因素理论（又称人职匹配理论）、霍兰德（Holland）关注的个性的职业选择理论等。每个人都希望获得不断成长和进步的机会，尤其是"80后""90后"等新生代员工逐渐成为企业的核心力量，与父辈的职业价值观不同，在优越的经济环境和丰富的物质生活条件下，在职场中追求自我价值的实现和认可成为他们职业选择的核心标准（张莹等，2020；夏正晶等，2014；Zhu et al.，2015）。"职业选择倾向"调查显示，31.3%的"90后"大学生将良好的成长空间职业上升渠道作为选择职业的首要标准，其次是工作与自己兴趣爱好的一致性（王巧莲，2014）。因此，能够为员工提供良好的发展空间和工作机会的职业发展管理模式是企业吸引员工、培养员工、留住员工的关键。我们将组织成员对缺乏未来职业发展机会或职业晋升通道不清晰的担忧称为职业发展不安全感氛围。

调查显示，全球每年都有数百万的人出于各种原因离职，南非所有行业员工流动量估计每年超过 500 万。平均每个员工在其一生中职业更换 3~7 次，而且这一趋势在全球还在不断增长。psychology today. com 调查显示，"没有挑战性的工作"是员工离职的第二大理由。挑战性的工作是影响员工留任的最重要因素之一，具有挑战性的工作环境是保持员工积极参与工作并对角色感兴趣的重要动力（Hargrove et al. ，2015）。挑战性工作是指员工要做的有趣的工作和有吸引力的任务，工作的意义感、个人能力的提升和工作职责的灵活性都是挑战性工作所赋予的成就。挑战性工作包括任务认同、技能多样性和工作自主性三个方面（Rasmussen et al. ，2015）。任务认同指的是员工对所完成任务的认可度以及员工清楚地了解完成该任务所需要的工作步骤和资源；技能多样性指的是个体拥有多种能够处理不同工作的技能，并能够为任何可能发生的情况做好准备，它可以是容易获得和需要的技能方面的能力，也可以是灵活和能够学习的能力；工作自主性指的是组织赋予员工的在计划、安排和处理个人工作和职责中的自由，表现为员工在执行任务时能够运用自己的能力和技能直接决策（Bozena Poksinska et al. ，2013）。员工的幸福感很大程度上取决于该员工是否能够在工作环境中成长，并具有定期确认的自我成就感和成长感。在现代企业中，挑战性的工作环境是帮助员工尤其是新生代员工获得工作成就感和成长感的重要来源（杨红明，2017；杨皖苏等，2019）。我们将组织成员对挑战性工作环境失去的担忧称为工作特征不安全感氛围。

综上所述，根据 Greenhalgh 和 Rosenblatt（1984）对工作不安全感的分类以及 ERG 理论，本书将工作不安全感氛围分为两个维度、五个方面（见图 4-1），其中数量工作不安全感氛围包括工作丧失不安全感氛围，质量工作不安全感氛围包括薪酬不安全感氛围、人际关系不安全感氛围、职业发展不安全感氛围、工作特征不安全感氛围四个方面。

4.2.2　基于组合模型的工作不安全感氛围测量

本书将工作不安全感概念化为一种主观现象，也就是说这种主观感受不一定是基于特定的客观事件或潜在事件。例如，在不远的将来，个体可能并没有实际的裁员威胁，但是仍然会产生工作不安全感。这种对客观威胁和主观威胁感知的区分是哲学实在论的一个关键假设：存在一个独立于心灵感知之外的客观现实。由于人们通过感官间接地体验物体和事实，因此人们是对物体做出心理表征而不

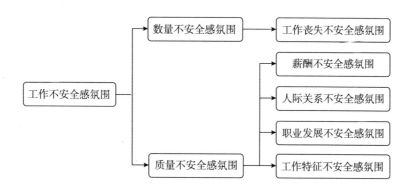

图 4-1 工作不安全感氛围结构维度

是对物体或事件本身做出反应。在工作场所背景下，人们会对他们的工作或他们所处的环境进行心理表征，而不是工作或情况本身。这些心理表征是个人主观解释的结果，而工作环境的客观条件可以用许多不同的方式来解释。这一哲学立场是本书开发工作不安全感氛围量表的基础，知觉是其中一个关键概念。因此，本书接下来将对不同类型的感知进行探讨，包括在个体层面个体对自身处境的感知（心理氛围）和个体对他人如何感知事物的感知（心理集体氛围），以及两者聚合到组织层面形成共同的认知，分别是组织氛围（Organizational Climate）和组织集体氛围（Organizational Collective Climate）。

4.2.2.1 工作场所中的感知

（1）个人层面的感知。

心理氛围模型（Psychological Climate Model）描述了个体对工作环境的感知作用。在这个模型中，心理氛围被定义为"个体对相对接近的情景或事件的认知表征，用反映情境对个体的心理意义和重要性的术语来表达"。心理氛围中的"心理"一词指的是这种感知所涉及的认知机制。关于工作不安全感的大多数研究是基于工作不安全感作为一种心理氛围，即个人对自己工作的不安全感。但是，由于个人是工作场所中的一部分，因此他们还可以感知其他人在工作中遇到的不安全感。这种类型的感知称为心理集体氛围感知（Psychological Collective Climate）。

人类具有社会属性，关联性或社会联系被认为是人类的基本需求。因此，人们会关注别人的行为，并据此推断自己的认知、情感和动机。这种考虑他人思想的观点被称为"心智感知"（Mind Perception,），被定义为"感知者根据他人的意图、信念、欲望和感觉等心理状态进行的日常推理活动"。心智感知也被称为其他人的心智问题，因为人们实际上无法确定别人的想法，但是人们仍然每天都要参与这项活动，从他们的行为中推断出他人的态度和意图。例如，在经理给员工分配一个项目后，员工很可能推断出经理与该决定相关的想法和动机。也许员工认为他被分配该项目是因为经理想要奖励他，也许员工会认为经理只是认为该项目与其能力相称。人们之所以对他人的思想进行理论化，是因为这样可以使他人更容易被理解，他人对某些事件的解释和观点可能是重要的信息来源。因此，了解工作场所正在发生的事情不仅是一个只涉及自身的单独过程，而且是根据其他人对情况的理解来比较或验证个人看法的过程。在氛围理论中，这一过程的结果是个人对心理集体氛围的感知（Chan，1998）。

总之，工作环境对个人意味着什么（心理氛围）和一个人对工作中的社会氛围的感知（心理集体氛围）是可以区分开来的。心理氛围感知和心理集体氛围感知都可以聚合到群体层面，形成组织层面的结构，称之为群体或组织成员的共享感知（Baltes et al.，2009）。

（2）集体层面的共同感知。

在某些情况下，团队合作的人会体会到经验分享的意义，它可以被描述为一种团结的感觉，一种思想、情感或感知的融合。这是一种与单独做同一件事有着本质不同的体验。当群体成员以同样的方式体验事物的意义时，感知是可以被分享的。个人的感知可以形成集体层面的共同感知，这些共同的感知被称为组织氛围（相对于同等个体层面心理氛围的结构），指的是员工对所经历的政策、实践和规则的共同看法和所赋予的意义，以及他们对可能受到奖励、支持和期望行为的认识。组织氛围的主要特点是"共享"，这就是说，组织氛围的作用对象不再是个人，而是包括工作组、团队或组织的集体。

感知还可以通过社会构建或人际互动的过程来被分享。在一个社会群体中，可以通过讨论共同经历的事件的意义而产生共同的认知，这一过程被称为感官制造（Sensemaking）。在组织环境中，事件的解释或理解方式往往是团队成员如何沟通和社会建构事件意义的结果。通过组织的日常活动，成员们对组织中的很多东西进行解释和内化，从而形成一种组织文化，即组织集体氛围。也就是说，组织集体氛围是通过群体成员之间的信息交流和感知互动产生的。当引入新的信息或与预期不同的信息时，就会发生感官制造，有时还会伴随着偏离正常情况的事件。人们对负面信息的反应要比对正面信息的反应更为彻底，这表明员工在可能对他们产生负面影响的事件上投入更多的精力进行意义分析。这意味着与就业连续性相关的负面信息可能是组织中更透彻理性思考的对象，而这一过程可能导致人们对工作不安全感达成共识。

4.2.2.2　基于组合模型的氛围结构

在研究共享感知时，测量级别（个人）与分析级别（组织、部门、团队等）往往并不相同，因此需要某种类型的数据聚合。这使知觉一致性问题成为氛围研究的核心问题。为了将数据从个人层面聚合到群体或组织层面，研究者必须能够合理地说明被调查的社会单元中存在氛围。通常情况下，组织成员之间的一致性水平通常通过估计组间一致性（Interrater Agreement）和组间可靠性（Interrater Reliability）来进行统计学上的确定。但这仅仅是来自统计学上的证据，研究人员无法真正确定组织中氛围是否真正存在。

从有关氛围的研究文献中可以发现，氛围包括多种结构模型，如一般氛围模型、侧重于特定方面的氛围模型，而且氛围结构模型涵盖了不同的层次。根据自下而上的过程，较低层次的现象可以组合成较高层次的现象。较低层次和较高层次现象之间的关系可分为编译模型（Compilational Model）和组合模型（Compositional Model）。在组合模型中，所讨论的现象被认为在不同层次上具有相同的内容、意义和结构效度。与此形成对比的是编译模型，该模型强调所研究的现象在不同层次上有本质的不同。编译模型多用于多样性的研究中，例如一个群体的多样性程度（如性别或年龄分布）预计与许多群体结果有关。在这种情况下，聚合结构是对多样性的一种度量，它在理论上不同于其较低层次的对应物。接下来，本书将运用组合模型的观点来阐释社会层面氛围与个人层面氛围之间的关系。

直接共识模型（Direct Consensus Model）和参照物转移共识模型（Referent-Shift Consensus Model）这两种模型是用来解释特定类型的共享感知如何与个体层面的感知相对应的组合模型。图4-2为使用两种不同组合模型（即直接共识模型和参照物转移共识模型）得到的氛围结构。直接共识模型在现在的氛围研究中经常被使用（Chan，1998），上述从心理氛围到组织氛围的过程就采用的是直接共识模型。但这种模型的一个缺点是受访者没有实际报告氛围。事实上，他们可能并不知道他们是一致的，甚至有可能受访者对集体氛围的看法不同于他们对自己处境的看法。在参照物转移共识模型中，在个人层面衡量的东西被称为心理集体氛围，聚合到群体层面之后的形式被称为组织集体氛围。使用参照物转移共识模型认识概念的优势是可以使测量量表直接捕捉到个人对社会氛围的感知，即个人如何看待总体氛围或更具体的方面。

图 4-2　基于组合模型的氛围结构

综上所述，感知可以被看作客观现实的心理表征，是由个体和情境因素相互作用形成的。在个人层面，一个人可以对自己的处境形成感知（心理氛围），也可以对他人如何体验这种情境形成感知（心理集体氛围）。正如组合模型中所指出的，通过直接共识模型和参照物转移共识模型，这些个人的感知也可以在一个社会单元内共享，形成群体成员对自身状况感知的集合（组织氛围）或形成群体成员对团队氛围感知的集合（组织集体氛围）。

4.2.2.3　基于组合模型的工作不安全感结构

本书认为，工作不安全感在个体和群体层面本质是相同的，指的都是对工作状态受到威胁的主观感知，因此本书将工作不安全感概念化为一个组合模型。根据组合模型，图 4-3 为基于组合模型（直接共识模型和参照物转移共识模型）的工作不安全感氛围结构，该图显示了个人层面的工作不安全感被概念化为心理工作不安全感（Psychological Job Insecurity）和心理集体工作不安全感（Psychological Collective Job Insecurity）。这两种类型的工作不安全感都是个人层面的看法，都可以聚合到群体层面，形成组织工作不安全感氛围（Organizational Job Insecurity Climate）和组织集体工作不安全感氛围（Organizational Collective Job Insecurity Climate）。

在直接共识模型中，个人层面的工作不安全感被概念化为心理工作不安全感，即担心自己工作的连续性。心理工作不安全感聚合之后形成组织工作不安全感氛围，表示对个人工作不安全感的共同看法（Sora et al.，2009）。直接共识模型已被应用于先前的研究，在该模型中，工作不安全感氛围被看作个人对工作不

图 4-3　基于组合模型的工作不安全感结构

安全的共同看法来操作和测量。在这类研究中，研究人员要求受访者报告他们如何看待自己的工作状况（或他们工作状况的一个特定方面）。如果从统计学的角度发现了足够的知觉一致性，那么这些感知就被聚合起来代表组织成员的共同感知。因此，受访者被问及的是他们对自己工作状况的看法，这些看法随后被汇总和聚合。例如，直接共识模型认为，如果组织中的一个员工经历了个人的工作不安全感，并且这些经历对于所有员工来说都是相似的，那么组织的工作不安全感氛围就会存在。

正如前文所指出的，采用直接共识模型并没有真正捕捉到工作场所中的不安全感氛围。本书采用参照物转移共识模型的观点，将个体对工作场所中不安全感氛围的感知（即心理集体工作不安全感）聚合到群体层面，形成一种组织集体的工作不安全感氛围。从概念的角度来讲，参照物转移共识模型承认人们对自己的处境和所属群体的情况可能有不同的看法。将此方法应用于工作不安全感的研究中，可以研究在以工作不安全感为特征的社会环境中工作对员工的影响。从测量的角度来看，这种从关注个人自身工作到个人如何看待工作场所中不安全感氛围的转变，需要在量表项目中转换指称，比如从"我"或"我的"到"我们"或"这里的员工"。也就是说，参照物转移模型要求个人报告他们如何看待工作场所中（即"我们"）的工作不安全感氛围，而不是个人（即"我"）如何看待自己的工作不安全感。也就是说，除了在理论上将工作不安全感概念化为一种心理集体氛围，在测量工作不安全感氛围时问卷中使用的指称类型也需要转变。

值得注意的是，这并不是说衡量个人工作不安全感是没有意义的，组合模型和参照物转移共识模型的引入是在强调个人工作不安全感和工作不安全感氛围的测量应该被视为两个独立的方面。例如，Baltes 等（2009）比较了个人使用个人层面参照物和使用组织层面参照物问卷调查项目的反应，结果显示，受访者对自己情况的评价与他们对组织状况的评价在统计学上有所不同。

综上所述，本书根据工作不安全感氛围包含的五个方面（即工作丧失不安全感氛围、薪酬不安全感氛围、人际关系不安全感氛围、职业发展不安全感氛围、工作特征不安全感氛围）以及参照物转移共识模型（即在量表项目中转换指称）来开发工作不安全感氛围量表。

4.3 工作不安全感氛围内容结构的量化检验

4.3.1 量表开发流程

Churchill（1979）提出了量表开发的研究思路，包括确定构念边界、形成样本条目、预试与条目净化、大样本调查与信效度检验、形成最终量表五个方面（见图4-4）。该研究思路在后来的研究中被学者广泛使用（冯海龙，2009；赵永德，2010；廖文虎，2018），被视为量表开发的权威过程。

第一步，确定构念边界。开发有效测量量表的第一步是确定研究对象的边界范围，研究者必须严格界定研究变量中包含的内容和排除的内容。

第二步，形成样本条目。明确了构念的边界内容之后，创建构成量表的初始陈述或项目，并设计初始调查问卷。样本条目的形成主要有两种方法：①一种是使用先前研究中已经开发的量表，归纳以往文献研究中关于本概念的定义、维度以及测量条目，并根据具体研究情境适当修改和修订。这种方法的优点是先前的研究是得到检验和反复验证的，条目的准确性和量表的信效度比较高。该方法适用于概念变量较为成熟，已经有很多成熟研究值得参考和借鉴的情景。②另一种方法是进行探索性研究，根据实地观察、结构化访谈、半结构化访谈等方式，与研究对象进行深入交流，通过获取的一手资料编制相关条目。这种方法的优点是编制的条目更贴近研究对象，避免出现不符合客观实际的题项。该方法适用于研究内容还不成熟，没有很多研究可供参考的情景。

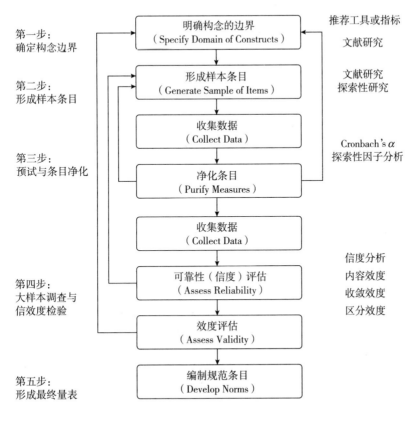

图 4-4　Churchill（1979）的量表开发流程

第三步，预试与条目净化。为了发现初始量表中是否存在误差或前后不一致的"垃圾条目"（Garbage Items），在正式大范围的调查前会对量表进行小范围的预调查。根据预调查收集到的数据对初始条目进行信度分析，信度较低的条目予以删除。预调查中信度分析常用的方法是内部一致性系数 Cronbach's α 和探索性因子分析。

第四步，大样本调查与信效度检验。通过预试阶段对初始量表进行删减调整后，为了检验新量表的稳健性，接下来进行大范围的问卷调查，并通过信度和效度分析对量表的有效性进行检验。

第五步，形成最终量表。通过上述检验步骤后编制最终测量条目。

根据上文 ERG 理论的分析，本书已经明确了研究变量的边界，即工作不安全感氛围包括工作丧失不安全感氛围、薪酬不安全感氛围、人际关系不安全感氛围、职业发展不安全感氛围、工作特征不安全感氛围五个方面。下面将根据

Churchill（1979）量表开发流程进行后面几项检验。

4.3.2 初始测量量表形成

本书采用文献归纳和探索性研究两种方法相结合生成工作不安全感氛围的初始测量条目。

由于目前关于工作不安全感氛围的研究仍然较少，而工作不安全感的研究相对来说较为丰富，测量方式也较为成熟，国内外学者都从不同的角度对工作不安全感量表进行了开发，因此本书主要收集了工作不安全感量表中与本书构建的工作不安全感氛围五个维度有关的测量题项，共收集到108个题项。进一步地，邀请两名从事人力资源管理研究的教授和两名人力资源管理专业的博士研究生将这些项目进行了整理，将意思重复、相近和含义模糊的题项进行合并、删除和修改，最终从文献中整理得到20个项目。

接下来对员工进行半结构化访谈，本书主要通过半结构化访谈获得员工在工作场所中所看重的重要工作特征包括什么，如描述工作中能让他感到焦虑或不安的事件有哪些、希望在工作中获得什么等。本书在北京和河南选取了5家企业21名员工进行深度访谈，这些企业包括制造业企业、高新技术企业、政府部门和事业单位。访谈的员工中男性有10人，女性有11人；年龄大多在22~40岁；受访者教育程度普遍较高，都在本科以上，其中有6名教育程度为研究生。通过访谈，获得自编项目4个。同时，本书构建的工作不安全感氛围量表对工作丧失、薪酬、人际关系、职业发展、工作特征五个方面都有涉及，初步验证了本书工作不安全感氛围的结构维度。

通过上述两种方法，本书共获得初始测量题项24个，其中来自文献归纳的题项20个，来自访谈的题项4个，并根据参照物转移共识模型，将题项中的指称转变为"在我的工作场所中"。为了确保测量量表的内容效度，本书还邀请了2位人力资源研究领域的专家教授和3名人力资源专业博士研究生对每个题项的内容和表述方式进行了校对和修订，并邀请了8名来自不同企业、不同年龄、不同性别、不同岗位的职工对量表的题项进行评价，评价其是否能够被完全理解以及是否符合他们工作场所的用语习惯。最终本书编制出包括5个维度24个题项的工作不安全感氛围初始测量量表题项库（见表4-1），其中工作丧失不安全感氛围包括6个项目，薪酬不安全感氛围包括4个项目，人际关系不安全感氛围包括4个项目，职业发展不安全感氛围包括5个项目，工作特征不安全感氛围包括5个项目。

表4-1 工作不安全感氛围初始测量项目

维度	项目
工作丧失 不安全感氛围	在我的工作场所中，人们普遍害怕会失去工作
	在我的工作场所中，总感觉有人要失业了
	在我的工作场所中，许多人担心自己会失去工作
	在我的工作场所中，人们经常谈论他们能否保住工作
	在我的工作场所中，大家经常谈论未来几年内会有迫使自己离开当前工作岗位的事情（比如重组、裁员）发生
	在我的工作场所中，人们普遍对于在不久的将来失去工作感到不安
薪酬 不安全感氛围	在我的工作场所中，人们普遍对未来的薪酬增长感到焦虑
	在我的工作场所中，很多人都相信未来自己的薪水会稳步提升（R）
	在我的工作场所中，很多人担心能否保持目前的薪酬水平
	在我的工作场所中，很多人担心将来的薪酬分配方式不公平
人际关系 不安全感氛围	在我的工作场所中，很多人担心与领导的良好关系不能一直保持
	在我的工作场所中，很多人害怕自己在公司中的地位很快被取代
	在我的工作场所中，很多人担心与同事的良好关系不能一直保持
	在我的工作场所中，大家都觉得我们单位有很多人际交往的机会（R）
职业发展 不安全感氛围	在我的工作场所中，许多人都对自己在公司的职业发展表示焦虑
	在我的工作场所中，大家普遍觉得现在的岗位工作前景很好（R）
	在我的工作场所中，大家普遍觉得单位目前各方面的情况使大家看不到未来在这里的发展前景
	在我的工作场所中，许多人感觉没有晋升空间
	在我的工作场所中，人们普遍担心自己在几年后是否还有价值
工作特征 不安全感氛围	在我的工作场所中，有许多人担心工作条件越来越差
	在我的工作场所，有很多人担心将来会收到不那么具有刺激性的工作任务
	在我的工作场所，大家认为公司会让我们从事自己想做的工作（R）
	在我的工作场所中，许多人对在单位只是从事简单重复的工作很焦虑
	在我的工作场所中，许多人担心无法自己安排工作时间与进度

注：R表示该项目为反向计分。

4.3.3 预调查与量表修订

研究者在设计调查问卷的过程中难免会出现一些错误，比如由于知识背景、经验积累等差异，产生设计者认为良好但被调查者难以理解的问卷项目。因此，有必要在大样本调查前先进行小范围的预调查，通过对问卷信度的检验，不仅可以修改问卷中的表述，还可以进一步优化问卷的整体结构。

4.3.3.1 预调查样本与数据收集

本书将预调研的对象设定为 MBA 学员，因为他们通常具有较高的学历和一定的工作经验，适合作为本书预调查的研究对象。本次预调查的问卷主要在现场授课时发放，共发放问卷 58 份，回收问卷 55 份，剔除一些填答不完整、存在明显规律的问卷外，有效问卷为 50 份，有效回收率为 86.21%。预调查中，作答人信息的描述性统计如表 4-2 所示，其中男性占 54%，女性占 46%；被调查者中大部分年龄处在 26~35 岁，占比达到 76%；被调查者的学历普遍较高，本科及以上学历占比达到 90%；被调查者中，有一半工作年限在 6~8 年（50%），其次是工作 3~5 年（30%）；被调查者中，员工职位类型主要是基层员工和基层管理者，占比分别为 44% 和 38%，有少部分的中层和高层管理者，占比分别为 16% 和 2%。本次预调查的问卷均采用 Likert 5 点量表计分，"1"表示"非常不符合"，"5"表示"非常符合"。

表 4-2　预调查样本的基本信息

变量	类别	数量（人）	比例（%）
性别	男	27	54
	女	23	46
婚姻状况	未婚	19	38
	已婚	31	62
	其他	0	0
年龄	25 岁及以下	4	8
	26~35 岁	38	76
	36~45 岁	7	14
	46~55 岁	1	2
	56 岁及以上	0	0
教育背景	高中及以下	0	0
	大专	5	10
	本科	38	76
	研究生	7	14

续表

变量	类别	数量（人）	比例（%）
工作年限	2 年及以下	5	10
	3～5 年	15	30
	6～8 年	25	50
	9～11 年	3	6
	12 年及以上	2	4
职位类别	基层员工	22	44
	基层管理者	19	38
	中层管理者	8	16
	高层管理者	1	2

4.3.3.2　信度分析

Churchill（1979）认为，内部一致性的测量应该首先考虑 Cronbach's α，因为 Cronbach's α 的平方根是 k 个测试项目无错误真实值的估计相关性。较低 Cronbach's α 表示样本项目不能代表度量结构，而较高 Cronbach's α 表示该测试项目与真实值之间有很好的相关性。关于 Cronbach's α 高和低的标准并没有形成统一的意见，Cronbach's α 的界定依赖于具体的研究目的。比如，Nunnally（1967）认为 Cronbach's α 在 0.5～0.6 就足够了，而有学者认为 0.95 是 Cronbach's α 的理想标准值。本书采用吴明隆（2003）的观点，认为在实际应用过程中 Cronbach's α 在 0.6 以上即达到可接受的标准。

采用 SPSS 22.0 软件分别计算各测量条目与总体的相关系数，如果相关系数较小且删除该条目后整体的 Cronbach's α 值增加，则这类条目应该删除。每次删除特定条目后，都应重新计算每个条目与整体的相关系数，通过这样反复的迭代计算直至获得理想的信度指标为止。

通过上述分析原则和评定标准，本书发现：①在薪酬不安全感氛围维度中，题项"在我的工作场所中，很多人都相信未来自己的薪水会稳步提升"与总体的相关系数较低（r=0.27），而删除该项目后该维度的内部一致性 Cronbach's α 由 0.55 提升到了 0.80，因此该项目应予以删除。②在人际关系不安全感氛围维度中，题项"在我的工作场所中，大家都觉得我们单位有很多人际交往的机会"与总体的相关系数较低（r=0.29），而删除该项目后该维度的内部一致性 Cronbach's α 由 0.68 提升到了 0.81，因此该项目应予以删除。③职业发展不安全感氛围维度中，题项"在我的工作场所中，人们普遍担心自己在几年后是否还有价值"与总体的相关系数较低（r=0.21），而删除该项目后该维度的内部一致性Cronbach's α 由 0.65 提升到了 0.83，因此该项目应予以删除。④工作丧失不安全感氛围和工作特征不安全感氛围维度中，各题项与总体的相关系数均在 0.5 以上。经过信度分析的调整和删除后，工作不安全感氛围量表包括 21 个题项，量表的内部一致性 Cronbach's α 为 0.96，表明量表的整体测量信度较好。

4.3.3.3 探索性因子分析

接下来采用 SPSS 22.0 软件进行探索性因子分析。探索性因子分析是在事先不设定因子数量的基础上，利用统计软件完全依赖数据资料发现因子的研究方法。本书中工作不安全感氛围所包含的五个维度是通过理论分析得出的，各维度的测量题项也是研究者根据题项所描述的含义主观进行的分类，因此接下来将通过探索性因子分析的方法找出工作不安全感氛围潜在因子个数，以及各测量题项与潜在因子之间的相关程度。

首先进行因子分析的条件检验。因子分析是从多个原始项目中降维聚合为几个具有代表性的因子变量，降维聚合的潜在要求是原始条目之间具有较强的相关性。因为若原始项目之间不具有较强的相关性，则无法提取出能反映某些项目共同特征的少量因子。一般采用 KMO（Kaiser-Meyer-Olkin）检验和 Bartlett 的球形检验判断原始条目是否适合进行因子分析。一般认为 KMO 大于 0.7、Bartlett 的球形检验显著表示适合进行因子分析。本书中，测量量表的 KMO 值为 0.82，Bartlett 的球形检验 Sig. =0.000，表明工作不安全感氛围量表各题项之间具有较强的相关性，适合进行因子分析。

接下来采用主成分方差最大旋转法提取因子。因子提取的原则有两个：一是 Kaiser 准则，即提取特征值大于 1 的主成分；二是因子累计解释变异量。本书共提取 5 个因子，累计解释变异量为 72.86%。从正交旋转后的成分矩阵可以看出，项目"在我的工作场所中，大家认为公司会让我们从事自己想做的工作"存在载荷不清晰的现象，即该项目在多个成分中均存在较高载荷，因此予以删除。删除该项目后，重新进行探索性因子分析，如表 4-3、表 4-4、表 4-5 所示，本书中工作不安全感氛围量表的 KMO 值为 0.84（Sig<0.000），共提取出五个因子，五个因子的累计解释变异量为 78.27%，两项指标相较之前均有所提升，且各题项在单一因子上载荷均大于 0.5，不存在多个因子载荷不清晰的情况。因此，经过修正后，工作不安全感氛围量表的因子结构表现良好。

表 4-3　因子分析的 KMO 检验值

取样足够的 Kaiser-Meyer-Olkin	0.840	
Bartlett 的球形检验	近似卡方	985.677
	df	231
	Sig.	0.000

表 4-4　工作不安全感氛围量表探索性因子分析总体解释量

因素	起始特征值			提取平方和载入			循环平方和载入		
	总计	变异百分比（%）	累计变异百分比（%）	总计	变异百分比（%）	累计变异百分比（%）	总计	变异百分比（%）	累计变异百分比（%）
1	12.025	38.263	38.263	12.025	38.263	38.263	5.432	27.263	27.263
2	8.500	20.144	58.407	8.500	20.144	58.407	5.379	22.144	49.407
3	5.344	8.400	66.807	5.344	8.400	66.807	2.052	11.400	60.807
4	2.838	5.992	72.799	2.838	5.992	72.799	1.235	8.992	69.799
5	1.728	5.466	78.265	1.728	5.466	78.265	1.205	8.466	78.265
6	0.629	2.994	81.259						
7	0.614	2.925	84.183						
8	0.501	2.387	86.571						
9	0.475	2.263	88.834						
10	0.430	2.046	90.880						
11	0.327	1.558	92.438						
12	0.288	1.373	93.810						
13	0.279	1.327	95.137						
14	0.229	1.088	96.225						
15	0.222	1.056	97.281						
16	0.169	0.803	98.084						
17	0.154	0.734	98.818						
18	0.090	0.429	99.247						
19	0.067	0.319	99.566						
20	0.057	0.270	99.836						
21	0.035	0.164	100.00						

注：提取方法为主成分分析法。

表 4-5 工作不安全感氛围量表探索性因子分析旋转成分矩阵

序号	项目	成分				
		F1	F2	F3	F4	F5
1	在我的工作场所中，人们普遍害怕会失去工作	0.81	0.12	0.15	0.21	0.11
2	在我的工作场所中，许多人担心自己会失去工作	0.78	0.17	0.13	0.14	0.24
3	在我的工作场所中，人们普遍对于在不久的将来失去工作感到不安	0.72	0.16	0.04	0.21	0.09
4	在我的工作场所中，人们经常谈论他们能否保住工作	0.67	0.08	0.12	0.09	0.13
5	在我的工作场所中，大家经常谈论未来几年内会有迫使自己离开当前工作岗位的事情（比如重组、裁员）发生	0.62	0.21	0.13	0.27	0.23
6	在我的工作场所中，总感觉有人要失业了	0.59	0.22	0.02	0.04	0.19
7	在我的工作场所中，人们普遍对未来的薪酬增长感到焦虑	0.13	0.76	0.08	0.13	0.16
8	在我的工作场所中，很多人担心能否保持目前的薪酬水平	0.09	0.71	0.06	0.21	0.24
9	在我的工作场所中，很多人会担心将来的薪酬分配方式不公平	0.10	0.67	0.15	0.19	0.03
10	在我的工作场所中，很多人担心与领导的良好关系不能一直保持	0.08	0.04	0.74	0.25	0.18
11	在我的工作场所中，很多人担心与同事的良好关系不能一直保持	0.18	0.15	0.64	0.22	0.09
12	在我的工作场所中，很多人害怕自己在公司中的地位很快被取代	0.22	0.17	0.60	0.08	0.16
13	在我的工作场所中，许多人都对自己在公司的职业发展表示焦虑	0.23	0.03	0.14	0.73	0.21
14	在我的工作场所中，许多人感觉没有晋升空间	0.19	0.09	0.19	0.66	0.23
15	在我的工作场所中，大家普遍觉得现在的岗位工作前景很好	0.04	0.17	0.17	0.62	0.09
16	在我的工作场所中，大家普遍觉得单位目前各方面的情况使大家看不到未来在这里的发展前景	0.18	0.19	0.05	0.58	0.14
17	在我的工作场所中，有很多人担心将来会收到不那么具有刺激性的工作任务	0.21	0.19	0.27	0.08	0.72
18	在我的工作场所中，许多人担心无法自己安排工作时间与进度	0.15	0.18	0.24	0.21	0.67
19	在我的工作场所中，许多人对在单位只是从事简单重复的工作很焦虑	0.17	0.16	0.08	0.20	0.63
20	在我的工作场所中，有许多人担心工作条件越来越差	0.08	0.09	0.17	0.18	0.60

通过上述预调查分析，最终确定了工作不安全感氛围大范围正式调查的量表，包括五个维度20个题项，其中工作丧失不安全感氛围包括6个题项，薪酬不安全感氛围包括3个题项，人际关系不安全感氛围包括3个题项，职业发展不安全感氛围包括4个题项，工作特征不安全感氛围包括4个题项。

4.3.4 大样本调查与信效度检验

大样本问卷调查是使用经过预调查修订之后的量表，采用一组新的样本再次收集大量数据，并进行信度和效度检验，确保新开发量表的稳健性。

4.3.4.1 样本与数据收集

大样本调查主要采用网络调查的方式，通过 MBA 学员与所在公司的人力资源经理沟通后，在本公司的职工中推送问卷链接。本次调查共联系到 35 家公司，通过为期两周的收集时间，共收到作答问卷 467 份，剔除作答存在明显规律的问卷后，回收有效问卷 452 份，有效回收率为 96.79%。本次调查的企业基本信息情况统计如表 4-6 所示。在行业类型中，建筑类企业、制造类企业、高新技术企业、企事业单位分别占比为 14.29%、25.71%、22.86%、28.57%；在行业规模中，大多数企业人数在 201~500 人（45.71%），其次是 51~200 人（28.57%）；在企业成立年限中，5 年及以下、6~10 年、11~15 年、16~20 年、20 年以上占比分别为 11.43%、20.0%、22.86%、25.71%、20.0%。

表 4-6 大样本调查的企业基本信息

变量	类别	数量（家）	比例（%）
企业类型	建筑类企业	5	14.29
	制造类企业	9	25.71
	高新技术企业	8	22.86
	企事业单位	10	28.57
	其他	3	8.57
企业规模	50 人及以下	3	8.57
	51~200 人	10	28.57
	201~500 人	16	45.71
	501~1000 人	4	11.43
	1000 人以上	2	5.71

续表

变量	类别	数量（家）	比例（%）
企业成立年限	5 年及以下	4	11.43
	6~10 年	7	20.0
	11~15 年	8	22.86
	16~20 年	9	25.71
	20 年以上	7	20.0

本次调查的员工基本信息情况统计如表 4-7 所示。本次调查对象大多数为男性，占比为 66.81%；本次调查对象中已婚和未婚人数较为接近，分别占比 46.02% 和 52.88%；本次调查对象大部分年龄处于 26~45 岁，占比接近 70%；本次调查对象的教育背景普遍较高，本科学历占 72.79%，并且有 8.41% 的研究生学历；本次调查对象中工作年限在 6~8 年的居多，占 34.95%，其次是工作 3~5 年，占 33.19%；本次调查对象中大多数是基层员工和基层管理者，分别占比 35.84% 和 39.82%，同时还有部分中层和高层管理者。本次大样本调查问卷均采用 Likert 5 点量表计分，"1" 表示 "非常不符合"，"5" 表示 "非常符合"。

表 4-7　大样本调查的员工基本信息

类别		数量（人）	比例（%）
性别	男	302	66.81
	女	150	33.19
婚姻状况	未婚	239	52.88
	已婚	208	46.02
	其他	5	1.10
年龄	25 岁及以下	76	16.81
	26~35 岁	248	54.87
	36~45 岁	68	15.04
	46~55 岁	35	7.74
	55 岁以上	25	5.54
教育背景	高中及以下	18	3.98
	大专	67	14.82
	本科	329	72.79
	研究生	38	8.41

续表

类别		数量（人）	比例（%）
工作年限	2 年及以下	85	18.81
	3~5 年	150	33.19
	6~8 年	158	34.95
	9~11 年	32	7.08
	11 年以上	27	5.97
职位类别	基层员工	162	35.84
	基层管理者	180	39.82
	中层管理者	86	19.03
	高层管理者	24	5.31

4.3.4.2 信度检验

采用 SPSS 22.0 软件对收集到的 452 条数据进行可靠性分析，结果表明，工作不安全感氛围总量表的内部一致性系数 Cronbach's α 为 0.89，各分维度（工作丧失不安全感氛围、薪酬不安全感氛围、人际关系不安全感氛围、职业发展不安全感氛围、工作特征不安全感氛围）的 Cronbach's α 分别为 0.85、0.91、0.93、0.87、0.88、0.86，均高于 0.7 的检验标准，表明该量表具有较好的可信度。

4.3.4.3 效度检验

（1）内容效度。

内容效度又称为逻辑效度，表示所选项目与研究内容范围的适当匹配程度，即检验测量项目的适合性和相符性。若测量项目能够覆盖所需测量构念的代表性内容，则表示该测量工具具有良好的内容效度。一方面，本书测量工具的开发严格遵循量表开发流程，测量条目是参考成熟研究文献和听取专家学者意见得到的；另一方面，本书还邀请了 5 名人力资源领域专家对测量量表进行评估，5 名专家均表示本书所选用的项目能够代表测量构念，因此本书的量表具有良好的内容效度。

（2）收敛效度。

收敛效度也称聚合效度，检验的是同一个维度内部题项质量的高低。当同一个维度内部题项相关性越高时，则该维度的收敛效度也会越好。采用组合信度 CR 和平均方差萃取量 AVE 进行检验，一般认为 CR 的值大于 0.7 （Fornell & Larcker, 1981）、AVE 的值大于 0.5 （Segars, 1997）即表明量表具有良好的收敛效度。如表4-8所示，本书中工作不安全感氛围各维度的组合信度 CR 均大于 0.7，平均方差萃取量 AVE 均大于0.5，表明该量表具有良好的收敛效度。

表4-8　工作不安全感氛围量表各维度收敛效度

维度	CR	AVE
工作丧失不安全感氛围	0.86	0.51
薪酬不安全感氛围	0.76	0.52
人际关系不安全感氛围	0.77	0.53
职业发展不安全感氛围	0.80	0.52
工作特征不安全感氛围	0.75	0.53

（3）区分效度。

采用验证性因子分析（CFA）的方法，通过比较不同模型之间的拟合系数来检验维度之间是否具有区分效度。采用 AMOS 软件对所提出的工作不安全感氛围五因子模型进行拟合，得到工作不安全感氛围结构模型的完全标准化解（见图4-5）。从图中可以看出，所有题项的因子载荷均在0.4~0.9，因子之间相关性在0.2~0.6，测量误差在0.5之内，表明该结构模型的题项与维度较为匹配且没有较大误差（魏伟，2020）。

衡量构念模型是否可以接受还需要检验构念模型与观测数据的拟合情况。本书主要采用 χ^2/df（Chi-Squared Tests）、RMSEA（Root Mean-Square Error of Approximation）、CFI（Comparative Fit Index）、NFI（Normed Fit Index）、TLI（Tucker-Lewis Index）、IFI（Increment Fit Index）等指标检验测量模型的拟合程度。如表4-9所示，五因子模型的 $\chi^2/df = 2.12$，小于判断标准3；RMSEA = 0.06，小于判断标准0.08；CFI = 0.93、NFI = 0.94、TLI = 0.92、IFI = 0.92，均大于判断标准0.9，各项拟合指标均达到判断标准，说明五因子的构念模型与观测数据达到了较好的拟合水平。

为了进一步证实五因子模型是否为最优模型，本书继续根据因子间的相关程度生成了四个竞争模型，分别计算各竞争模型的拟合指数。五因子模型为工作丧失不安全感氛围、薪酬不安全感氛围、人际关系不安全感氛围、职业发展不安全感氛围、工作特征不安全感氛围；四因子模型为工作丧失不安全感氛围与薪酬不安全感氛围合并为一个因子，人际关系不安全感氛围、职业发展不安全感氛围、工作特征不安全感氛围；三因子模型为工作丧失不安全感氛围与薪酬不安全感

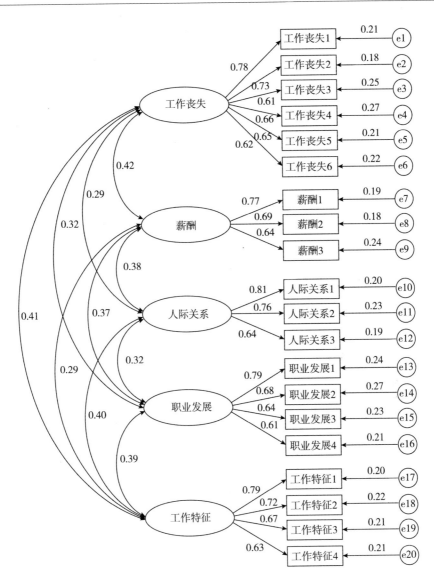

图 4-5 工作不安全感氛围五因子完全标准化解

表 4-9 工作不安全感氛围五因子模型与观测数据拟合情况

判断指标	χ^2	df	χ^2/df	RMSEA	CFI	NFI	TLI	IFI
拟合结果	468.52	221	2.12	0.06	0.93	0.94	0.92	0.92
判断标准	—	—	<3	<0.08	>0.9	>0.9	>0.9	>0.9

围合并为一个因子，人际关系不安全感氛围、职业发展不安全感氛围与工作特征不安全感氛围合并为一个因子；二因子模型为工作丧失不安全感氛围与薪酬不安全感氛围合并为一个因子，人际关系不安全感氛围、职业发展不安全感氛围和工作特征不安全感氛围合并为一个因子；单因子模型为工作丧失不安全感氛围、薪酬不安全感氛围、人际关系不安全感氛围、职业发展不安全感氛围、工作特征不安全感氛围合并为一个因子。各竞争模型的拟合情况如表4-10所示，可以看出，与其他四个模型相比，五因子模型的拟合指标为最优，表明工作不安全感氛围五因子结构具有较好的区分效度。

表4-10 工作不安全感氛围竞争模型拟合情况

模型	χ^2	df	χ^2/df	RMSEA	CFI	NFI	TLI	IFI
五因子模型	468.52	221	2.12	0.06	0.93	0.94	0.92	0.92
四因子模型	682.21	222	3.07	0.08	0.85	0.84	0.82	0.83
三因子模型	798.21	223	3.58	0.09	0.79	0.80	0.81	0.77
二因子模型	891.92	224	3.98	0.11	0.73	0.72	0.72	0.70
单因子模型	1021.22	225	4.54	0.12	0.64	0.65	0.63	0.62

上述大样本信度和效度检验表明，本书开发的五维度20个题项的工作不安全感氛围测量量表具有良好的信效度，可以作为评估工作不安全感氛围的测量工具使用。

4.4 研究结果与讨论

本书基于ERG理论分析构建了工作不安全感氛围五维度概念模型，并在此基础上借鉴参照物转移共识模型形成了工作不安全感氛围的测量工具。本书构建的工作不安全感氛围模型和测量工具具有以下特点：

群体层面的工作不安全感氛围与个体层面的工作不安全感一样，是个多维度的复杂概念，很多学者依据不同的研究对象和研究方法对工作不安全感包括的内容维度开展了研究，但大多数研究并没有基于特定的理论基础，不同研究者对于工作场所中重要工作特征所包含内容的认识并不一致，使工作不安全感结构的理论意义和普遍适用性受到了局限。本书以动机理论中具有代表性和被广泛使用、验证的 ERG 理论为基础，构建了工作不安全感氛围的五维度结构模型，包括工作丧失不安全感氛围、薪酬不安全感氛围、人际关系不安全感氛围、职业发展不安全感氛围、工作特征不安全感氛围。该五维度模型是对工作不安全感概念提出者 Greenhalgh 和 Rosenblatt（1984）和工作不安全感氛围概念界定者 Låstad 等（2015）的进一步扩展和延续。Greenhalgh 和 Rosenblatt（1984）指出，工作不安全感包括组织成员对工作本身以及重要工作特征丧失的担忧。Låstad 等（2015）明确指出，工作不安全感氛围也应包括这两方面，即数量工作不安全感氛围和质量工作不安全感氛围，而质量工作不安全感氛围包括哪些方面应该被进一步研究。在本书模型中，工作丧失不安全感氛围即为工作数量不安全感氛围，薪酬不安全感氛围、人际关系不安全感氛围、职业发展不安全感氛围、工作特征不安全感氛围为工作质量不安全感氛围。也就是说，本书识别出组织的薪酬水平和管理方式、职场中的人际关系、未来职业晋升发展空间和渠道、挑战性工作特征四个方面为工作场所中的重要工作特征，当组织成员发现这些因素在未来可能会失去或无法继续维持当前水平时，就会产生焦虑、不安或恐惧的情绪。

在 Sora 等（2009）首先提出工作不安全感氛围的概念后，Låstad 等（2015）率先对工作不安全感氛围如何量化测量进行了探讨。Låstad 等（2015）认为，与个体工作不安全感一致，工作不安全感氛围也应包括数量工作不安全感氛围和质量工作不安全感氛围两个方面，这与本书的观点相一致。但是与 Låstad 等（2015）开发的工作不安全感氛围量表相比，本书开发的工作不安全感氛围量表更适合在中国情境下使用。因为 Låstad 等（2015）在设计工作不安全感氛围测量题项时主要是参考 Hellgren 等（1999）编制的个体层面工作不安全感量表中的维度，开发的数量工作不安全感氛围量表和质量工作不安全感氛围量表各包括 4 个题项。虽然质量工作不安全感氛围量表的 4 个题项分别测量了工作条件、职业发展、薪酬增长、刺激性任务四个方面，但事实上该量表并没有明确区分质量工作不安全感氛围的具体维度，而且也没有体现出具有中国职场典型特点的人际关系。中国自古以来就是典型的人际关系型社会，而关系的研究已经渗透到社会学、管理学等多个领域，构建多边联系多边网络，尤其是在职场中与上下级、同事之间建立起良好的人际关系网络是中国人普遍追求的目标（周是今等，2021；郭晓薇和李成彦，2015）。中国社会中的人际关系也引起了国外学者的关注，国际学者甚至直接用"guanxi"专门指代中国社会中的复杂人际关系（Lu et al.，2021；Ren & Chadee，2017；Zhang et al.，2015）。因此，本书认为，在中国情境下测量工作不安全感氛围应该包括人际关系维度。

胡三嫚（2008）最早在中国情境下开发了个体层面工作不安全感的测量量表，认为工作不安全感包括工作丧失不安全感、工作执行不安全感、薪酬晋升不安全感、过度竞争不安全感、人际关系不安全感五个维度，工作丧失不安全感反映的是数量工作不安全感，后四个维度反映的是质量工作不安全感。这是工作不安全感最早被引入中国并且融入中国本土的有益尝试。与胡三嫚（2008）开发的维度一致，本书也认为工作不安全感包括数量和质量两个方面，而且薪酬、晋升、人际关系、工作性质等都是职场中重要的工作特征。但本书认为该量表仍然存在一些有待改进的方面。一方面，胡三嫚（2008）主要是通过对以往研究中工作不安全感测量量表的收集，通过数据统计分析降维得到，并没有基于特定的理论基础来分析工作场所中的重要工作特征应该包括什么，使所构建维度之间有部分重叠相互包含的关系。比如，过度竞争不安全感和工作执行不安全感都包含了员工对自己能力无法获得成长可能被淘汰的担忧。另一方面，胡三嫚（2008）构建的工作不安全感结构中将薪酬和晋升合并为一个维度，而本书通过理论文献分析和个体访谈都发现薪酬水平和职业晋升是检验雇佣质量的两个重要方面，应该被单独区分开来。因为个体在基本需求（如薪酬）得到满足后，自我成长实现的需求会更加旺盛。这种自我实现需求表现为对未来职业发展前景和规划的看重，以及挑战性工作任务需求的增加，因而本书认为职业发展不安全感氛围应该作为一个单独的维度。因此，本书从人类需求动机 ERG 理论出发，从生理需要、相互关系需要、成长发展需要三个方面分析了工作不安全感氛围包括的维度，并进一步细化为五个方面，具体来说，生理需要体现为工作丧失不安全感和薪酬不安全感，相互关系需要体现为人际关系不安全感，成长发展需要体现为职业发展不安全感和工作特征不安全感，使各维度之间不存在相互交叉的不清晰部分，并且更能体现工作场所中人们的需求特点，更具有实践指导意义。

在工作不安全感氛围的测量方面，本书也引入了新的测量方式——参照物转移共识模型。本书认为，个体对自身情况的感知和对周围其他人情况的感知是不同的，因此传统采用直接共识模型的测量方式，即通过测量个体对自身不安全感的感知然后直接聚合到群体层面并不能准确捕捉到工作不安全感氛围存在于群体成员之间的本质。关于氛围的测量方式中，常用的方法还有参照物转移模型，即将个体对工作场所中不安全感氛围的感知聚合到群体层面（即心理集体工作不安全感），形成一种组织集体的工作不安全感氛围。从测量的角度来讲，就是从测量个人对自身工作情况的看法转换成个人如何看待工作场所中的不安全感氛围，体现在测量量表中就是项目指称的转换。参照物转移共识模型的引入能够更好地捕捉到工作场所中是否存在工作不安全感氛围。这种测量方式的转变在其他变量的研究中也有使用，比如辱虐管理和团队辱虐氛围。辱虐管理采用个体对自身受到辱虐情况的感知来衡量，例如 Mitchell 和 Ambrose（2007）量表的测量题项"我的上司会在大家面前批评我"。团队辱虐氛围是基于社会信息处理视角形成的，团队成员之间频繁互动和回应会促使个体感知信息上升为高层次的共享认知，团队辱虐氛围是在团队成员相互讨论过程中共享彼此对领导辱虐管理的解释形成的。因此，团队辱虐氛围的测量也是采用参照物转移共识模型，测量团队成员对整体辱虐氛围的评价并聚合至群体层面，例如"主管会嘲笑我们大家"（蒋琬，2015）。

4.5　本章小结

本章主要构建了中国情境下工作不安全感氛围的结构维度以及测量工具。首先，根据 ERG 理论，明确了工作不安全感氛围的五维度结构，即工作丧失不安全感氛围、薪酬不安全感氛围、人际关系不安全感氛围、职业发展不安全感氛围、工作特征不安全感氛围；接着结合 Chan（1998）的参照物转移共识模型，遵循 Churchill（1979）的量表开发流程，设计了工作不安全感氛围的初始测量量表，并通过小范围预试和大范围的调查对测量量表的信效度进行检验，最终得到了包括五个维度 20 个题项的中国情境下工作不安全感氛围测量量表，为后续研究奠定了基础。本书将使用该测量工具，继续探究工作不安全感氛围的权变作用效应。

5 工作不安全感对个体创新行为权变作用机制实证研究

5.1 研究目的和方法

5.1.1 研究目的

本章的目的主要是实证检验个体层面工作不安全感对创新行为的权变作用效应。具体来说，对于促进型焦点的个体来说，工作不安全感是一种动力，会通过产生挑战性压力的认知对创新行为产生积极影响；而对于防御型焦点的个体来说，工作不安全感是一种负担，会通过产生阻碍性压力的认知对创新行为产生消极影响。个体层面工作不安全感对创新行为的权变作用模型如图5-1所示，具体包括以下研究假设：

H1：工作不安全感对挑战性压力具有正向影响作用。

H2：工作不安全感对阻碍性压力具有正向影响作用。

H3：挑战性压力对个体创新行为具有正向影响作用。

H4：阻碍性压力对个体创新行为具有负向影响作用。

H5：挑战性压力在工作不安全感与个体创新行为关系中起中介作用。

H6：阻碍性压力在工作不安全感与个体创新行为关系中起中介作用。

H7：促进型焦点在工作不安全感影响挑战性压力中起调节作用，即当促进型焦点较高时，工作不安全感对挑战性压力的正向影响更强。

H8：促进型焦点调节工作不安全感通过挑战性压力作用到个体创新行为的

中介作用，即当促进型焦点较高时，工作不安全感通过挑战性压力影响个体创新行为的中介作用更强。

H9：防御型焦点在工作不安全感影响阻碍性压力关系中起调节作用，即当防御型焦点较高时，工作不安全感对阻碍性压力的正向影响更强。

H10：防御型焦点调节工作不安全感通过阻碍性压力作用到个体创新行为的中介作用，即防御型焦点较高时，工作不安全感通过阻碍性压力影响个体创新行为的中介作用更强。

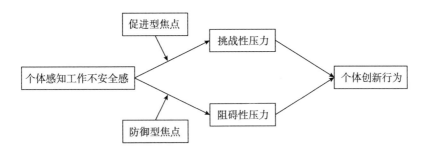

图 5-1　个体层面工作不安全感对创新行为的权变作用模型

5.1.2　研究样本与数据收集

为了减少共同方法偏差的影响，本书采用两阶段直接领导—员工配对的方式收集数据，因此本书的调查问卷包括两种：直接领导问卷和员工问卷。员工主要汇报自己在工作场所中不安全的感知、调节焦点类型、压力感知类型，由直接领导在一段时间后对员工的创新行为进行评价。员工问卷主要包括三个部分：第一部分为引导语，主要介绍调查目的以及匿名、保密承诺，减少作答者的心理压力和负担；第二部分为员工基本信息调查，包括员工编号、性别、年龄、婚姻状况、教育背景、工作年限等；第三部分为主要核心变量，包括工作不安全感、调节焦点、挑战性—阻碍性压力等。

为了保证问卷具有良好的效度，本书主要采用现场调查和回收问卷的形式进行数据收集。本次调查选取了河南省 12 家高新技术企业为调查对象，这些企业主要从事五金电子、纺织、食品加工等产业的研究和开发。选取这类企业主要是因为对于这些企业的员工来说，创新在他们的工作中具有非常重要的作用。在开始调查前，首先与企业的人力资源部门进行沟通，在获得调查支持后选取有资格参与调查的团队和员工。参与的条件是：①项目具有创新性；②在数据收集周内至少有 3 名团队成员参与项目；③领导与团队成员有足够的接触，以便他们能够评估成员的创造力水平。在确定了调研团队之后，对每个团队的员工进行编号，作答时每个员工需要在问卷上填写自己的编号，直接领导在填答时也在问卷上填写自己所带领员工的编号，通过员工的编号进行两者作答的配对。本书在 2021年 1~2 月进行了为期一个月的调查，第一阶段调查为 1 月初，主要是员工填写员工调查问卷；第二阶段调查为 1 月底，主要是直接领导对成员这一个月来的创新表现情况进行综合评价。

本次调查共向 62 个团队发放 450 份问卷，回收 438 份，剔除填写不完整、有明显作答规律等不符合要求的问卷后，最终保留 60 个团队 414 份有效回收问卷，有效回收率为 92.0%。本书样本的基本特征统计情况如表 5-1 所示。从性别结构来看，样本中男性较多，有 251 人，占 60.63%，女性 163 人，占 39.37%；从婚姻状况来看，超过一半的被调查者已婚，有 235 人，占 56.76%，未婚的调查者有 160 人，占 38.65%；从年龄结构来看，调查样本主要集中在 26~45 岁，占 61.60%，其次分别为 46~55 岁、25 岁及以下、56 岁及以上的调查者，分别占 17.87%、13.53% 和 7.00%；从教育背景来看，被调查者主要学历是本科及以上，其中本科和研究生学历分别占比 45.65% 和 28.99%，还有大专和高中及以下学历的受访者，分别占 23.19% 和 2.17%；从工作年限来看，被调查者主要是在单位工作 3~5 年和 6~8 年的员工，分别占 31.40% 和 36.96%，其次为工作了 9~11 年的员工，占 19.08%，此外还有少部分工作 2 年及以下和工作了 12 年及以上的员工，分别占 8.70% 和 3.86%。

表 5-1　样本基本信息统计

变量	类别	数量（人）	比例（%）
性别	男	251	60.63
	女	163	39.37
婚姻状况	未婚	160	38.65
	已婚	235	56.76
	其他	19	4.59
年龄	25 岁及以下	56	13.53
	26~35 岁	120	28.99
	36~45 岁	135	32.61
	46~55 岁	74	17.87
	56 岁及以上	29	7.00

续表

变量	类别	数量（人）	比例（%）
教育背景	高中及以下	9	2.17
	大专	96	23.19
	本科	189	45.65
	研究生	120	28.99
工作年限	2 年及以下	36	8.70
	3~5 年	130	31.40
	6~8 年	153	36.96
	9~11 年	79	19.08
	12 年及以上	16	3.86

5.1.3 测量工具

本章研究模型主要涉及工作不安全感、调节焦点、挑战性—阻碍性压力、创新行为等变量。本书的测量量表均来自国际知名期刊，且这些量表在中国情境下得到了广泛的应用并表现出良好的信效度和适配性。为了确保题项在语义上的完整性，根据量表回译法，本书首先邀请了 1 名双语人力资源管理专业的博士研究生进行了"翻译"的过程，对所有英文量表的题项进行了中文情境化翻译，这名研究生的翻译工作是在并不了解研究目的的情况下进行的；然后由另一名双语博士研究生将翻译好的中文量表进行"回译"，即再译成英文；之后由 1 名双语管理学教授对原版英文量表和回译版英文量表进行对比，发现除了调查项目的措辞有一些细微差异，两者几乎完全相同，这表明翻译成中文版的量表和英文原版量表是对等的。这一程序在先前的研究中已被广泛使用（Joo et al.，2012；Liao et al.，2010）。

工作不安全感：本书采用 Hellgren 等（1999）开发的量表测量个人层面的工作不安全感，共 7 个题项，包括数量工作不安全感和质量工作不安全感两个方面。数量工作不安全感包括 3 个题项，分别是"我担心在我想辞职之前我不得不辞职""我担心能否保住我的工作""我担心不久的将来我可能会失业"。质量工作不安全感包括 4 个题项，分别是"我现在的职业有很好的发展前景""我担心将来收到的刺激性工作任务会减少""我相信未来自己的薪水会稳步提升""我担心单位未来会不再需要我这样能力的人"。本量表采用 Likert 5 点量表，其中"1 =

非常不同意""2=比较不同意""3=不确定""4=比较同意""5=非常同意"。

调节焦点：本书采用 Shin 等（2017）的量表测量个人层面的调节焦点，该量表是根据 Neubert 等（2008）的工作调节焦点量表（Work Regulatory Focus Scale，WRF）改编而来，共 6 个题项，包括促进型焦点和防御型焦点两个方面。促进型焦点包括 3 个题项，分别是"成长的机会对我来说是找工作的一个重要因素""我专注于完成能促进我进步的工作任务""我的工作重点受到我渴望成为的清晰形象的影响"。与促进型焦点类似，防御型焦点也包括 3 个题项，分别是"工作保障是我求职的一个重要因素""我把注意力集中在避免工作失败上""我非常小心避免自己在工作中遭受潜在损失"。本量表采用 Likert 5 点量表，其中"1=非常不同意""2=比较不同意""3=不确定""4=比较同意""5=非常同意"。

挑战性—阻碍性压力：本书采用 Cavanaugh 等（2000）的量表测量挑战性压力和阻碍性压力，共 11 个题项。其中，挑战性压力包括 6 个题项，从"工作任务量""在工作上花费的时间""必须在规定时间内完成的工作量""经历的时间压力""责任量""职责范围"6 个方面衡量个体感受到的挑战性压力的水平；阻碍性压力包括 5 个题项，从"组织政治对组织决策的影响程度""无法清楚地了解工作对我的期望""为了完成我的工作，我需要经历大量的繁文缛节""我缺乏工作保障""我的职业生涯似乎停滞不前"5 个方面衡量个体感受到的阻碍性压力的水平。本量表采用 Likert 5 点量表进行评估，调查者需要回答与上述工作相关的项目给他们造成了多大压力，"1"表示"完全没压力"，"5"表示"非常大压力"。

创新行为：本书采用的量表由 Zhou 和 George（2001）编制的创新行为量表改编而来，共 13 个题项，代表性题项如"提出实现目标的新方法""提出新的和实用的想法来提高绩效""经常寻找新的技术、技艺、流程和产品创意"等。本量表采用 Likert 5 点量表，其中"1=非常不符合""2=比较不符合""3=不确定""4=比较符合""5=非常符合"。该量表由团队的直接领导作答，对每个成员的创新行为做出评价。

控制变量：先前研究表明，个体的工作不安全感、创新行为受到性别、年龄、婚姻状况、教育背景、工作年限等的影响，因此本书将性别、年龄、婚姻状况、教育背景、工作年限设置为控制变量。性别中，"1"代表"女性"、"2"代表"男性"；婚姻状况中，"1"代表"已婚"、"2"代表"未婚"、"3"代表"其他"；年龄中，"1"代表"25 岁及以下"、"2"代表"26~35 岁"、"3"代表"36~45 岁"、"4"代表"46~55 岁"、"5"代表"56 岁及以上";教育背景中,"1"代表"高中及以下"、"2"代表"大专"、"3"代表"本科"、"4"代表"研究生";工作年限中,"1"代表"2 年及以下"、"2"代表"3~5 年"、"3"代表"6~8 年"、"4"代表"9~11 年"、"5"代表"12 年及以上"。

5.1.4 数据统计分析方法

本章研究模型各变量均在个体层面,不涉及团队嵌套关系,因此主要采用 SPSS 软件和 AMOS 软件进行数据分析。

信效度分析。通过计算 Cronbach's α、探索性因子分析、验证性因子分析等指标对各变量测量量表的信度和效度进行检验,确保测量量表在本书中的适用性以及本书所构建的模型是否具有区分效度。

相关性分析。采用 Pearson 相关系数法对各主要变量(工作不安全感、挑战性压力、阻碍性压力、促进型焦点、防御型焦点、创新行为)进行相关性分析,初步对模型的假设进行检验。

假设检验。假设检验主要采用了层次回归分析、结构方程模型、Boostrap 等方法进行。采用层次回归法检验工作不安全感和挑战性压力、阻碍性压力,以及挑战性压力、阻碍性压力与创新行为之间的直接关系;采用结构方程模型和 Boostrap 法检验挑战性压力、阻碍性压力在工作不安全感和创新行为之间的中介作用;采用层次回归法和 Boostrap 法检验促进型焦点和防御型焦点的调节作用及其有调节的中介作用。

5.2 变量信效度与相关性分析

5.2.1 共同方法偏差检验

共同方法偏差(Common Method Bias)指的是在研究过程中,由于数据来自同一调查对象、相同施测环境等因素引起的测量变量之间的共变关系。因此,为了避免共同方法偏差对研究结果产生的影响,一方面,本书采用领导和下属配对的数据以及不同时间点采集对研究过程进行严格控制;另一方面,在统计上采用 Harman 单因素方法(Podsakoff et al.,2012)对此问题进行检验。Harman 单因素方差检验结果表明，本书共得到了6个特征值大于1的因子，未经旋转的最大因子解释的变异量为28.56%（小于40%）（许丹佳等，2019），说明本书没受到严重的共同方法偏差影响，可以继续进行深入的分析。

5.2.2 信效度分析

5.2.2.1 信度分析

本书采用SPSS 22.0软件对工作不安全感、促进型焦点、防御型焦点、挑战性压力、阻碍性压力、创新行为六个主要变量测量量表的信度进行分析，Cronbach's α 值如表5-2所示。可以看出所有变量的 Cronbach's α 值最低为0.86，均高于0.7的判断标准，表明本次调查问卷中的量表均具有较高的稳定性和可靠性。

表5-2 个体层面各量表信度检验

变量	维度	题项数	Cronbach's α	总体 Cronbach's α
工作不安全感	数量工作不安全感	3	0.90	0.91
	质量工作不安全感	4	0.92	
调节焦点	促进型焦点	3	0.91	0.89
	防御型焦点	3	0.87	
压力感知	挑战性压力	6	0.89	0.88
	阻碍性压力	5	0.86	
创新行为	单维度	13	0.92	0.92

5.2.2.2 探索性因子分析

采用SPSS 22.0软件对工作不安全感、调节焦点、挑战性—阻碍性压力、创新行为的量表进行探索性因子分析。

（1）工作不安全感量表。

如表5-3所示，工作不安全感量表的 KMO 值为0.82，Bartlett 的球形检验 Sig. =0.000，表明工作不安全感量表各题项之间具有较强的相关性，适合进行因子分析。采用主成分方差最大旋转法提取特征值大于1的主成分，如表5-4所示，共提取到两个成分，即数量工作不安全感和质量工作不安全感，且每个成分上的因子载荷都超过0.5，符合工作不安全感量表维度的划分，累计方差解释量达到64.64%，表明该量表在本书中具有较好的适用性。

表5-3 工作不安全感量表因子分析的 KMO 检验值

取样足够的 Kaiser-Meyer-Olkin		0.820
Bartlett 的球形检验	近似卡方	487.707
	df	21
	Sig.	0.000

表5-4 工作不安全感量表探索性因子分析结果

序号	项目	成分	
		F1	F2
1	数量工作不安全感项目1	0.84	
2	数量工作不安全感项目2	0.82	
3	数量工作不安全感项目3	0.79	
4	质量工作不安全感项目1		0.85
5	质量工作不安全感项目2		0.81
6	质量工作不安全感项目3		0.76
7	质量工作不安全感项目4		0.63
累计方差解释量		64.64%	

（2）调节焦点量表。

如表5-5所示，调节焦点量表的 KMO 值为0.842，Bartlett 的球形检验 Sig. = 0.000，表明调节焦点量表各题项之间具有较强的相关性，适合进行因子分析。采用主成分方差最大旋转法提取特征值大于1的主成分，如表5-6所示，共提取到两个成分，即促进型焦点和防御型焦点，且每个成分上的因子载荷都超过0.5，符合调节焦点量表维度的划分，累计方差解释量达到65.31%，表明该量表在本书研究中具有较好的适用性。

表5-5 调节焦点量表因子分析的 KMO 检验值

取样足够的 Kaiser-Meyer-Olkin		0.842
Bartlett 的球形检验	近似卡方	1586.030
	df	45
	Sig.	0.000

表 5-6　调节焦点量表探索性因子分析结果

序号	项目	成分	
		F1	F2
1	促进型焦点项目 1	0.83	
2	促进型焦点项目 2	0.67	
3	促进型焦点项目 3	0.66	
4	防御型焦点项目 1		0.86
5	防御型焦点项目 2		0.78
6	防御型焦点项目 3		0.67
累计方差解释量		65.31%	

（3）挑战性—阻碍性压力量表。

如表 5-7 所示，挑战性—阻碍性压力量表的 KMO 值为 0.902，Bartlett 的球形检验 Sig. =0.000，表明挑战性—阻碍性压力量表各题项之间具有较强的相关性，适合进行因子分析。采用主成分方差最大旋转法提取特征值大于 1 的主成分，如表 5-8 所示，共提取到两个成分，即挑战性压力和阻碍性压力，且每个成分上的因子载荷都超过 0.5，符合挑战性—阻碍性压力量表维度的划分，累计方差解释量达到 71.28%，表明该量表在本书研究中具有较好的适用性。

表 5-7　挑战性—阻碍性压力量表因子分析的 KMO 检验值

取样足够的 Kaiser-Meyer-Olkin		0.902
Bartlett 的球形检验	近似卡方	2699.891
	df	120
	Sig.	0.000

表 5-8　挑战性—阻碍性压力量表探索性因子分析结果

序号	项目	成分	
		F1	F2
1	挑战性压力项目 1	0.88	
2	挑战性压力项目 2	0.79	

续表

序号	项目	成分	
		F1	F2
3	挑战性压力项目3	0.77	
4	挑战性压力项目4	0.69	
5	挑战性压力项目5	0.65	
6	挑战性压力项目6	0.59	
7	阻碍性压力项目1		0.85
8	阻碍性压力项目2		0.83
9	阻碍性压力项目3		0.76
10	阻碍性压力项目4		0.72
11	阻碍性压力项目5		0.64
累计方差解释量		71.28%	

（4）创新行为量表。

如表5-9所示，创新行为量表的 KMO 值为 0.918，Bartlett 的球形检验 Sig. = 0.000，表明创新行为量表各题项之间具有较强的相关性，适合进行因子分析。采用主成分方差最大旋转法提取特征值大于 1 的主成分，如表5-10所示，共提取到 1 个成分，且该成分上的因子载荷都超过 0.5，符合创新行为量表维度的划分，累计方差解释量达到 69.42%，表明该量表在本书研究中具有较好的适用性。

表5-9　创新行为量表因子分析的 KMO 检验值

取样足够的 Kaiser-Meyer-Olkin		0.918
Bartlett 的球形检验	近似卡方	533.830
	df	14
	Sig.	0.000

表 5-10 创新行为量表探索性因子分析结果

序号	项目	成分 F1
1	创新行为项目 1	0.91
2	创新行为项目 2	0.87
3	创新行为项目 3	0.85
4	创新行为项目 4	0.84
5	创新行为项目 5	0.81
6	创新行为项目 6	0.78
7	创新行为项目 7	0.75
8	创新行为项目 8	0.72
9	创新行为项目 9	0.70
10	创新行为项目 10	0.68
11	创新行为项目 11	0.67
12	创新行为项目 12	0.64
13	创新行为项目 13	0.62
累计方差解释量		69.42%

5.2.2.3 验证性因子分析

本书使用 AMOS 软件进行验证性因子分析，对研究模型中主要变量（工作不安全感、促进型焦点、防御型焦点、挑战性压力、阻碍性压力、创新行为）的区分效度进行检验。基准模型为六因子模型，由工作不安全感、促进型焦点、防御型焦点、挑战性压力、阻碍性压力、创新行为六个因子构成。同时，以六因子模型为基准模型，合并相关系数较高的因子，本书另外提出了五个竞争模型，通过比较各个模型的 χ^2/df、RMSEA、CFI、NFI、TLI 及 IFI 等指标判定哪个模型为最优模型。五个竞争模型分别为：五因子模型，将促进型焦点和防御型焦点合并为一个因子，保留工作不安全感、挑战性压力、阻碍性压力、创新行为；四因子模型，将促进型焦点和防御型焦点合并为一个因子，挑战性压力和阻碍性压力合并为一个因子，保留工作不安全感、创新行为；三因子模型，将工作不安全感、促进型焦点和防御型焦点合并为一个因子，挑战性压力和阻碍性压力合并为一个因子，保留创新行为；二因子模型，将工作不安全感、促进型焦点和防御型焦点合并为一个因子，挑战性压力、阻碍性压力和创新行为合并为一个因子；单因子模型，将工作不安全感、促进型焦点、防御型焦点、挑战性压力、阻碍性压力、创新行为合并为一个因子。六因子模型与其他五个竞争模型的拟合结果如表5-11所示，可以看出，六因子模型拟合效果（$\chi^2/df = 2.45$、RMSEA = 0.05、CFI = 0.93、NFI = 0.94、TLI = 0.93、IFI = 0.94）最好，说明本模型的主要变量间具有良好的区分效度。

表5-11 个体层面六因子模型与竞争模型拟合情况比较

模型	χ^2	df	χ^2/df	RMSEA	CFI	NFI	TLI	IFI
六因子模型	573.30	234	2.45	0.05	0.93	0.94	0.93	0.94
五因子模型	753.65	235	3.21	0.07	0.87	0.86	0.85	0.84
四因子模型	982.21	236	4.16	0.08	0.83	0.81	0.82	0.81
三因子模型	1103.32	237	4.66	0.10	0.75	0.76	0.76	0.75
二因子模型	1254.65	238	5.27	0.11	0.73	0.71	0.73	0.71
单因子模型	1354.87	239	5.67	0.12	0.68	0.69	0.69	0.69

5.2.3 描述性统计与相关性分析

本书所涉及的主要变量均为连续变量，检验连续变量之间相关程度常用的方法是Pearson相关系数，并通过双尾检验判断相关系数的显著性。本书主要分析了工作不安全感、促进型焦点、防御型焦点、挑战性压力、阻碍性压力、创新行为等变量之间的相关性。

从表5-12可以看出，工作不安全感与挑战性压力显著正相关（r=0.23，p<0.01），工作不安全感与阻碍性压力显著正相关（r=0.19，p<0.01），挑战性压力与创新行为显著正相关（r=0.48，p<0.01），阻碍性压力与创新行为显著负相关（r=-0.26，p<0.01）。以上分析结果为研究假设的成立提供了初步证据，同时也为后续回归分析奠定了基础。

表5-12 个体层面各变量之间描述性统计与相关性分析

变量	M	SD	1	2	3	4	5	6	7	8	9	10
1. 性别	1.12	0.36										
2. 年龄	2.13	0.35	0.15*									
3. 婚姻状况	1.20	0.43	-0.10	-0.14*								
4. 教育背景	2.96	0.56	-0.05	-0.24**	0.15*							
5 工作年限	2.84	0.74	0.12	0.48**	-0.28**	-0.38**						
6. 工作不安全感	3.37	0.67	0.05	0.07	0.02	0.03	0.01					
7. 促进型焦点	2.42	0.95	-0.05	0.16*	0.02	-0.19**	0.10	0.38**				
8. 防御型焦点	4.29	0.88	0.19**	-0.06	-0.02	0.16*	-0.07	-0.05	-0.45**			
9. 挑战性压力	4.35	0.72	0.15*	-0.01	-0.06	0.12	-0.08	0.23**	-0.23*	0.48**		
10. 阻碍性压力	3.30	1.57	-0.11	0.15*	-0.09	-0.05	0.10	0.19**	0.51**	-0.31**	-0.28*	
11. 创新行为	4.04	0.79	0.10	-0.02	0.02	0.12*	-0.12	0.36**	-0.14*	0.39**	0.48**	-0.26**

注：M 为平均值，SD 为标准差；** 表示 $p < 0.01$，* 表示 $p < 0.05$。

5.3 工作不安全感对创新行为权变效应分析

5.3.1 直接效应检验

5.3.1.1 工作不安全感与挑战性压力的回归

本书的假设1为工作不安全感对挑战性压力的影响作用，为了检验这一假设，本书采用了 SPSS 22.0 软件进行了层次回归分析。首先，将挑战性压力设为因变量，将性别、年龄、婚姻状况、教育背景、工作年限作为控制变量构建模型1（Model 1）。其次，加入自变量工作不安全感构建模型2（Model 2）。层次回归的分析结果如表5-13所示，从表中可以看出，在控制了性别、年龄、婚姻状况、教育背景、工作年限变量后，模型2中工作不安全感对挑战性压力具有显著的正向影响（Model 2，$\beta = 0.21$，$p < 0.01$），且模型2的 ΔR^2 为0.049，$F = 13.02$，$p < 0.01$，表明模型2在引入工作不安全感后，对挑战性压力的解释力比原模型提高了4.9%。另外，模型2中各变量的方差膨胀因子（VIF）均小于10，表明变量之间不存在明显的多重共线性问题。因此，上述过程表明，在控制了相关变量后，工作不安全感对挑战性压力具有显著正向影响，假设1得到支持。

表5-13 工作不安全感对挑战性压力的层次回归结果

变量	Model 1				Model 2			
	β	t	Sig.	VIF	β	t	Sig.	VIF
控制变量								
性别	0.15	2.54	0.01	1.03	0.14	2.44	0.02	1.03
年龄	0.02	0.28	0.78	1.32	0.01	0.04	0.97	1.32
婚姻状况	-0.10	-0.15	0.12	1.09	-0.1	-1.67	0.10	1.10
教育背景	0.11	1.69	0.09	1.18	0.1	1.59	0.11	1.19
工作年限	-0.09	-1.24	0.22	1.51	-0.09	-1.25	0.21	1.51

变量	Model 1				Model 2			
	β	t	Sig.	VIF	β	t	Sig.	VIF
自变量								
工作不安全感					0.21**	3.61	0.00	1.01
R^2	0.055				0.104			
ΔR^2	0.055				0.049			
F	2.79*				13.02**			

注：因变量为挑战性压力；**表示 $p<0.01$；*表示 $p<0.05$。

5.3.1.2 工作不安全感与阻碍性压力的回归

本书的假设2为工作不安全感对阻碍性压力的影响作用，为了检验这一假设，本书采用了SPSS 22.0软件进行了层次回归分析。首先，将阻碍性压力设为因变量，将性别、年龄、婚姻状况、教育背景、工作年限作为控制变量构建模型3（Model 3）。其次，加入自变量工作不安全感构建模型4（Model 4）。层次回归的分析结果如表5-14所示，从表中可以看出，在控制了性别、年龄、婚姻状况、教育背景、工作年限变量后，模型4中工作不安全感对阻碍性压力具有显著的正向影响（Model 4，$\beta=0.19$，$p<0.01$），且模型4的 ΔR^2 为0.036，F=9.40，$p<0.01$，表明模型4在引入工作不安全感后，对阻碍性压力的解释力比原模型提高了3.6%。另外，模型4中各变量的方差膨胀因子（VIF）均小于10，表明变量之间不存在明显的多重共线性问题。因此，上述过程表明，在控制了相关变量后，工作不安全感对阻碍性压力具有显著正向影响，假设2得到支持。

表5-14 工作不安全感对阻碍性压力的层次回归结果

变量	Model 3				Model 4			
	β	t	Sig.	VIF	β	t	Sig.	VIF
控制变量								
性别	-0.14	-2.15	0.03	1.03	-0.15	-2.32	0.02	1.03
年龄	0.15	2.06	0.04	1.32	0.13	1.88	0.06	1.32
婚姻状况	-0.08	-1.17	0.24	1.09	-0.08	-1.27	0.21	1.09

续表

变量	Model 3				Model 4			
	β	t	Sig.	VIF	β	t	Sig.	VIF
控制变量								
教育背景	-0.01	-0.06	0.96	1.18	-0.01	-0.18	0.86	1.19
工作年限	0.02	0.26	0.79	1.51	0.02	0.29	0.78	1.51
自变量								
工作不安全感					0.19**	3.07	0.00	1.01
R^2	0.046				0.082			
ΔR^2	0.046				0.036			
F	2.32*				9.40**			

注：因变量为阻碍性压力；** 表示 $p<0.01$；* 表示 $p<0.05$。

5.3.1.3 挑战性压力与创新行为的回归

本书的假设 3 为挑战性压力对创新行为的影响作用，为了检验这一假设，本书采用了 SPSS 22.0 软件进行了层次回归分析。首先，将创新行为设为因变量，将性别、年龄、婚姻状况、教育背景、工作年限作为控制变量构建模型 5（Model 5）；其次，加入自变量挑战性压力构建模型 6（Model 6）。层次回归的分析结果如表 5-15 所示，从表中可以看出，在控制了性别、年龄、婚姻状况、教育背景、工作年限变量后，模型 6 中挑战性压力对创新行为具有显著的正向影响（Model 6，$\beta=0.68$，$p<0.01$），且模型 6 的 ΔR^2 为 0.437，$F=199.42$，$p<0.01$，表明模型 6 在引入挑战性压力后，对创新行为的解释力比原模型提高了 43.7%。另外，模型 6 中各变量的方差膨胀因子（VIF）均小于 10，表明变量之间不存在明显的多重共线性问题。因此，上述过程表明，在控制了相关变量后，挑战性压力对创新行为具有显著正向影响，假设 3 得到支持。

表 5-15 挑战性压力对创新行为的层次回归结果

变量	Model 5				Model 6			
	β	t	Sig.	VIF	β	t	Sig.	VIF
控制变量								
性别	0.10	1.62	0.11	1.03	0.01	0.05	0.96	1.05
年龄	0.04	0.60	0.55	1.32	0.02	0.32	0.75	1.32

续表

变量	Model 5				Model 6			
	β	t	Sig.	VIF	β	t	Sig.	VIF
控制变量								
婚姻状况	−0.01	−1.67	0.87	1.10	0.04	0.89	0.38	1.01
教育背景	0.09	1.32	0.19	1.18	0.02	0.42	0.78	1.19
工作年限	−0.13	−1.63	0.11	1.51	−0.06	−0.97	0.33	1.52
自变量								
挑战性压力					0.68**	14.12	0.00	1.05
R^2	0.035				0.472			
ΔR^2	0.035				0.437			
F	1.76				199.42**			

注：因变量为创新行为；**表示 $p < 0.01$，*表示 $p < 0.05$。

5.3.1.4 阻碍性压力与创新行为的回归

本书的假设4为阻碍性压力对创新行为的影响作用，为了检验这一假设，本书采用SPSS 22.0软件进行了层次回归分析。首先，将创新行为设为因变量，将性别、年龄、婚姻状况、教育背景、工作年限作为控制变量构建模型7（Model 7）；其次，加入自变量阻碍性压力构建模型8（Model 8）。层次回归的分析结果如表5-16所示，从表中可以看出，在控制了性别、年龄、婚姻状况、教育背景、工作年限变量后，模型8中阻碍性压力对创新行为具有显著的负向影响（Model 8，$\beta = -0.25$，$p < 0.01$），且模型8的 ΔR^2 为0.06，$F = 15.81$，$p < 0.01$，表明模型8在引入阻碍性压力后，对创新行为的解释力比原模型提高了6%。另外，模型8中各变量的方差膨胀因子（VIF）均小于10，表明变量之间不存在明显的多重共线性问题。因此，上述过程表明，在控制了相关变量后，阻碍性压力对创新行为具有显著负向影响，假设4得到支持。

表5-16　阻碍性压力对创新行为的层次回归结果

变量	Model 7				Model 8			
	β	t	Sig.	VIF	β	t	Sig.	VIF
控制变量								
性别	0.11	1.67	0.10	1.03	0.07	1.16	0.25	1.05

续表

变量	Model 7				Model 8			
	β	t	Sig.	VIF	β	t	Sig.	VIF
控制变量								
年龄	0.03	0.45	0.66	1.32	0.07	0.98	0.33	1.34
婚姻状况	-0.02	-0.30	0.76	1.09	-0.04	-0.61	0.55	1.10
教育背景	0.10	1.40	0.16	1.18	0.09	1.43	0.16	1.18
工作年限	-0.12	-1.55	0.12	1.51	-0.11	-1.53	0.13	1.51
自变量								
阻碍性压力					-0.25**	-3.98	0.00	1.05
R^2	0.036				0.096			
ΔR^2	0.036				0.060			
F	1.79				15.81**			

注：因变量为创新行为；**表示 $p<0.01$，*表示 $p<0.05$。

5.3.2 挑战性—阻碍性压力的中介效应检验

5.3.2.1 结构方程模型检验

假设 5 和假设 6 分别提出了挑战性压力在工作不安全感和创新行为之间的中介作用及阻碍性压力在工作不安全感和创新行为之间的中介作用。研究过程中通常会包括多个变量，常用的线性回归方程一般一次只能表达一个因变量和几个自变量之间的关系。而结构方程模型以其包含了多个回归方程、可以同时解释多个因变量与自变量之间的复杂关系并且可以将测量误差的影响考虑在内等优势得到了学者们的广泛关注和使用。因此，本书将采用结构方程模型检验挑战性压力和阻碍性压力在工作不安全感和创新行为之间的中介作用机制。

为了检验挑战性压力和阻碍性压力的中介效应，接下来将利用结构方程模型构建部分中介模型（模型 1）、完全中介模型（模型 2）和无中介模型（模型 3），通过比较各模型的拟合指数来确定哪个模型更加适合。由表 5-17 可知，部分中介模型的各项拟合指标明显优于完全中介模型 [$\Delta \chi^2$（1）= 20.97，$p<0.01$] 和无中介模型 [$\Delta \chi^2$（1）= 31.93，$p<0.01$]，说明部分中介模型的拟合效果最优。为了进一步分析路径系数，在模型 1 基础上，继续构建了两个嵌套模型进行对比（模型 4 和模型 5）。由表 5-17 可知，模型 4 [$\Delta \chi^2$（1）= 246.73，$p<0.01$]、模型

5 ［$\Delta \chi^2$（1）= 135.76，p<0.01］与基本模型（模型1）的差异均显著，表明基本模型（即部分中介模型）为最优拟合模型，因此嵌套模型4和模型5均被拒绝。

表5-17　个体层面各结构方程模型拟合指数比较

拟合指标	模型1 JI→CS→IB JI→HS→IB JI→IB	模型2 JI→CS→IB JI→HS→IB	模型3 JI→CS JI→HS JI→IB	模型4 JI→IB JI→CS→IB HS→IB	模型5 JI→IB JI→HS→IB CS→IB
χ^2	1001.64	1022.61	1033.57	1248.37	1137.40
df	429	430	431	428	428
χ^2/df	2.33	2.37	2.40	2.92	2.66
$\Delta \chi^2$	—	20.97**	31.93**	246.73**	135.76**
CFI	0.92	0.91	0.93	0.85	0.87
TLI	0.93	0.91	0.92	0.83	0.88
NFI	0.91	0.90	0.90	0.86	0.86
IFI	0.92	0.91	0.06	0.84	0.88
RMSEA	0.03	0.07	0.07	0.09	0.08

注：JI=工作不安全感（Job Insecurity），CS=挑战性压力（Challenge Stress），HS=阻碍性压力（Hindrance Stress），IB=创新行为（Innovation Behavior）。

根据模型对比分析的结果可以得出，模型1所表达的变量之间的关系最为合适，即挑战性压力在工作不安全感和创新行为的关系中起到部分中介作用，并且阻碍性压力在工作不安全感和创新行为的关系中也起到部分中介作用，模型的路径系数如图5-2所示。工作不安全感与创新行为显著正相关（β=0.31，p<0.01），工作不安全感与挑战性压力显著正相关（β=0.22，p<0.01），挑战性压力与创新行为显著正相关（β=0.33，p<0.01），表明工作不安全感对创新行为的影响部分是通过作用于挑战性压力产生的。工作不安全感与阻碍性压力显著正相关（β=0.30，p<0.01），阻碍性压力与创新行为显著负相关（β=-0.19，p<0.01），表明工作不安全感对创新行为的影响部分是通过作用于阻碍性压力产生的。因此，假设5和假设6得到支持。

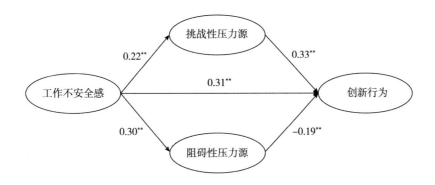

图 5-2 挑战性—阻碍性压力的中介效应路径分析结果

注：＊＊表示 p<0.01。

5.3.2.2 Bootstrap 法检验

为了进一步验证中介效应，本书采用 Preacher 和 Hayes（2004）建议的 Bootstrap 法进行中介效应程序检验。采用样本自助抽样法对模型中的估计参数进行重新抽样和置信区间估计，基于 5000 次重复抽样模型，利用 SPSS 软件的 Process 程序进行中介效应检验。如果中介效应检验结果显示偏差校正的置信区间不包括 0，则说明中介效应是显著成立的。

本书假设 5 提出了挑战性压力在工作不安全感与个体创新行为关系中起中介作用。首先，在 SPSS 软件的 Process 程序中，将控制变量（性别、年龄、婚姻状况、教育背景、工作年限）、自变量（工作不安全感）、中介变量（挑战性压力）和因变量（创新行为）依次放入相应的选择框中；其次，选择模型 4，样本量选择 5000 次，置信区间选择 95%，Bootstrap 取样方法选择偏差校正的非参数百分位法。挑战性压力的中介效应分析结果如表 5-18 所示，中介效应值为 0.13，95% 置信区间为 [0.066, 0.203]，不包含 0，表明挑战性压力在工作不安全感和创新行为之间的中介作用显著，因此假设 5 得到支持。

表 5-18 挑战性压力中介效应的 Bootstrap 分析结果

变量	效应值	S. E.	95% 置信区间	
			上限	下限
中介变量：挑战性压力	0.13	0.03	0.066	0.203

本书假设 6 提出了阻碍性压力在工作不安全感与个体创新行为关系中起中介作用。首先，在 SPSS 软件的 Process 程序中，将控制变量（性别、年龄、婚姻状

况、教育背景、工作年限）、自变量（工作不安全感）、中介变量（阻碍性压力）和因变量（创新行为）依次放入相应的选择框中；其次，选择模型4，样本量选择5000次，置信区间选择95%，Bootstrap取样方法选择偏差校正的非参数百分位法。阻碍性压力的中介效应分析结果如表5-19所示，中介效应值为-0.06，95%置信区间为 [-0.122，-0.017]，不包含0，表明阻碍性压力在工作不安全感和创新行为之间的中介作用显著，因此假设6得到支持。

表5-19　阻碍性压力中介效应的 Bootstrap 分析结果

变量	效应值	S. E.	95%置信区间	
			上限	下限
中介变量：阻碍性压力	-0.06	0.03	-0.122	-0.017

5.3.3　调节焦点的调节效应检验

5.3.3.1　促进型焦点的调节效应

本书的假设7为促进型焦点在工作不安全感与挑战性压力中起调节作用，为了检验这一假设，本书采用 SPSS 22.0 软件进行了层次回归分析。首先，将挑战性压力设为因变量，将性别、年龄、婚姻状况、教育背景、工作年限作为控制变量，并加入自变量工作不安全感构建模型9（Model 9）；其次，加入调节变量促进型焦点构建模型10（Model 10）；最后，加入工作不安全感与促进型焦点的交互项（工作不安全感×促进型焦点）构建模型11（Model 11）。为了避免多重共线性的影响，在构建工作不安全感与促进型焦点交互项时，预先将工作不安全感和促进型焦点分别进行了标准化处理。层次回归的分析结果如表5-20所示，从表中可以看出，模型11中，工作不安全感与促进型焦点的交互项对挑战性压力具有显著的正向影响（Model 11，β=0.22，p<0.01），表明促进型焦点越高，工作不安全感对挑战性压力的正向影响越强。

根据 West 和 Aiken（1996）提出的 simple slope 检验，本书将高于一个标准差的促进型焦点作为高促进型焦点组、低于一个标准差的促进型焦点作为低促进型焦点组，分别绘制不同水平的促进型焦点下，工作不安全感对挑战性压力的不同影响。如图5-3所示，与促进型焦点较低的员工相比（simple slope=0.08，p<0.05），对于促进型焦点较高的员工来说，工作不安全感对挑战性压力的正向影响更强（simple slope=0.52，p<0.01）。因此，上述过程表明，促进型焦点在工作不安全感对挑战性压力的影响中起调节作用，假设7得到支持。

表5-20 促进型焦点调节作用的层次回归结果

变量	Model 9				Model 10				Model 11			
	β	t	Sig.	VIF	β	t	Sig.	VIF	β	t	Sig.	VIF
控制变量												
性别	0.14	2.44	0.02	1.03	0.11	2.03	0.04	1.04	0.10	1.83	0.07	1.05
年龄	0.01	0.04	0.97	1.32	0.04	0.61	0.54	1.34	0.05	0.89	0.37	1.34
婚姻状况	-0.10	-1.67	0.10	1.90	-0.09	-1.53	0.13	1.09	-0.11	-2.00	0.05	1.10
教育背景	0.10	1.59	0.11	1.19	0.03	0.57	0.57	1.23	0.04	0.67	0.50	1.23
工作年限	-0.01	-1.25	0.21	1.51	-0.09	-1.39	0.17	1.51	-0.09	-1.39	0.17	1.51
自变量												
工作不安全感	0.21**	3.61	0.00	1.01	0.33**	5.66	0.00	1.19	0.30**	5.27	0.00	1.21
调节变量												
促进型焦点					-0.34**	-5.51	0.00	1.25	-0.45**	-7.22	0.00	1.44
交互项												
不安全感×促进型焦点									0.22**	5.09	0.00	1.25
R^2	0.104				0.205				0.283			
ΔR^2	0.104				0.101				0.078			
F	13.02**				30.30**				25.93**			

注：因变量为挑战性压力；＊＊表示p<0.01，＊表示p<0.05。

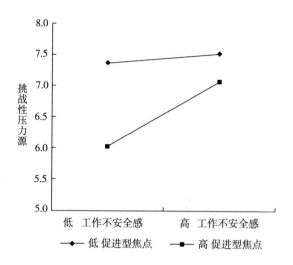

图 5-3　促进型焦点的调节作用

5.3.3.2　防御型焦点的调节效应

本书的假设 9 为防御型焦点在工作不安全感与阻碍性压力中起调节作用，为了检验这一假设，本书采用 SPSS 22.0 软件进行了层次回归分析。首先，将阻碍性压力设为因变量，将性别、年龄、婚姻状况、教育背景、工作年限作为控制变量，并加入自变量工作不安全感构建模型 12（Model 12）；其次，加入调节变量防御型焦点构建模型 13（Model 13）；最后，加入工作不安全感与防御型焦点的交互项（工作不安全感×防御型焦点）构建模型 14（Model 14）。为了避免多重共线性的影响，在构建工作不安全感与防御型焦点交互项时，预先将工作不安全感和防御型焦点分别进行了标准化处理。层次回归的分析结果如表 5-21 所示，从表中可以看出，模型 14 中，工作不安全感与防御型焦点的交互项对阻碍性压力具有显著的正向影响（Model 14，$\beta = 0.15$，$p < 0.01$），表明防御型焦点越高，工作不安全感对阻碍性压力的正向影响越强。

表 5-21　防御型焦点调节作用的层次回归结果

变量	Model 12				Model 13				Model 14			
	β	t	Sig.	VIF	β	t	Sig.	VIF	β	t	Sig.	VIF
控制变量												
性别	-0.15	-0.06	-0.15	1.03	-0.09	-1.43	0.16	1.08	-0.08	-1.36	0.18	1.08

续表

变量	Model 12				Model 13				Model 14			
	β	t	Sig.	VIF	β	t	Sig.	VIF	β	t	Sig.	VIF
控制变量												
年龄	0.13	-0.07	0.13	1.32	0.12	1.78	0.09	1.33	0.13	1.87	0.06	1.33
婚姻状况	-0.08	-0.06	-0.08	1.09	-0.09	-1.47	0.14	1.09	-0.07	-1.09	0.28	1.11
教育背景	-0.01	-0.07	-0.01	1.19	0.03	0.50	0.62	1.21	0.04	0.55	0.58	1.21
工作年限	0.02	-0.07	-0.02	1.51	0.02	0.21	0.84	1.51	0.02	0.03	0.98	1.52
自变量												
工作不安全感	0.19**	3.07	0.002	1.01	0.17**	2.92	0.00	1.01	0.20**	3.44	0.00	1.04
调节变量												
防御型焦点					-0.28**	-4.55	0.00	1.08	-0.34**	-5.43	0.00	1.18
交互项												
不安全感×防御型焦点									0.15**	3.34	0.00	1.15
R^2	0.082				0.156				0.194			
ΔR^2	0.082				0.073				0.038			
F	3.57**				6.27**				7.11**			

注：因变量为阻碍性压力；** 表示 p<0.01，* 表示 p<0.05。

根据 West 和 Aiken（1996）提出的 simple slope 检验，本书将高于一个标准差的防御型焦点作为高防御型焦点组、低于一个标准差的防御型焦点作为低防御型焦点组，分别绘制不同水平的防御型焦点下，工作不安全感对阻碍性压力的不同影响。如图 5-4 所示，对于防御型焦点较高的员工来说，工作不安全感对阻碍性压力具有显著的正向影响（simple slope=0.35，p<0.01）；对于防御型焦点较低的员工来说，工作不安全感和阻碍性压力之间的关系不显著（simple slope=0.05，n.s.）。因此，上述过程表明，防御型焦点在工作不安全感对阻碍性压力的影响中起调节作用，假设 9 得到支持。

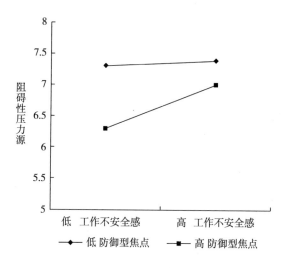

图 5-4 防御型焦点的调节作用

5.3.4　有中介的调节效应检验

本书的假设 8 为促进型焦点在工作不安全感通过挑战性压力影响创新行为的中介关系中起到有调节的中介作用，为了检验这一假设，本书参照 Preacher 和 Hayes（2008）提出的有调节的中介作用检验模型，采用 SPSS 软件中的 Process 程序进行 Bootstrap 有调节的中介效应检验。具体来说，按照均值加减一个标准差的方式，区分了低、高两种不同程度的促进型焦点，分析了不同程度的促进型焦点下，工作不安全感通过挑战性压力对创新行为的间接效应。分析结果如表 5-22 所示，结果表明，在高促进型焦点下，间接效应的 95% 置信区间中不包括 0，即工作不安全感通过挑战性压力影响个体创新行为的作用效果显著（效应值 r = 0.31，S. E. = 0.05），95% 置信区间为 [0.216, 0.417]；而在低促进型焦点下，间接效应的 95% 置信区间中包括 0，即工作不安全感通过挑战性压力影响个体创新行为的作用效果不显著（效应值 r = 0.05，S. E. = 0.03），95% 置信区间为 [-0.018, 0.118]；且高促进型焦点和低促进型焦点两种情景下的中介作用效果有显著差异（差异值 r = 0.26，S. E. = 0.06），95% 置信区间为 [0.168, 0.373]，不包括 0。因此，假设 8 得到支持。

表 5-22　促进型焦点有调节的中介效应检验

调节变量	分组	效应值	标准误	95%置信区间	
				上限	下限
促进型焦点	低促进型焦点	0.05	0.03	−0.018	0.118
	高促进型焦点	0.31	0.05	0.216	0.417
	高—低促进型焦点差异	0.26	0.06	0.168	0.373

　　本书的假设 10 为防御型焦点在工作不安全感通过阻碍性压力影响创新行为的中介关系中起到有调节的中介作用，为了检验这一假设，本书参照 Preacher 和 Hayes（2008）提出的有调节的中介作用检验模型，采用 SPSS 软件中的 Process 程序进行 Bootstrap 有调节的中介效应检验。具体来说，按照均值加减一个标准差的方式，区分了低、高两种不同程度的防御型焦点，分析了不同程度的防御型焦点下，工作不安全感通过阻碍性压力对创新行为的间接效应。分析结果如表 5-23 所示，结果表明，在高防御型焦点下，间接效应的 95%置信区间中不包括 0，即工作不安全感通过阻碍性压力影响个体创新行为的作用效果显著（效应值 $r = -0.06$，S. E. = 0.02），95%置信区间为 [−0.108, −0.019]；而在低防御型焦点下，间接效应的 95%置信区间中包括 0，即工作不安全感通过阻碍性压力影响个体创新行为的作用效果不显著（效应值 $r = -0.02$，S. E. = 0.02），95%置信区间为 [−0.055, 0.011]；且高防御型焦点和低防御型焦点两种情景下的中介作用效果有显著差异（差异值 $r = -0.04$，S. E. = 0.02），95%置信区间为 [−0.084, −0.002]，不包括 0。因此，假设 10 得到支持。

表 5-23　防御型焦点有调节的中介效应检验

调节变量	分组	效应值	标准误	95%置信区间	
				上限	下限
防御型焦点	低防御型焦点	−0.02	0.02	−0.055	0.011
	高防御型焦点	−0.06	0.02	−0.108	−0.019
	高—低防御型焦点差异	−0.04	0.02	−0.084	−0.002

5.4 实证结果讨论与分析

本章对工作不安全感对个体创新行为权变作用模型进行了实证检验，通过上述分析，假设检验结果汇总如表5-24所示。

表5-24　个体层面工作不安全感权变作用机制假设检验结果汇总

序号	假设	是否支持
H1	工作不安全感对挑战性压力具有正向影响作用	是
H2	工作不安全感对阻碍性压力具有正向影响作用	是
H3	挑战性压力对个体创新行为具有正向影响作用	是
H4	阻碍性压力对个体创新行为具有负向影响作用	是
H5	挑战性压力在工作不安全感与个体创新行为关系中起中介作用	是
H6	阻碍性压力在工作不安全感与个体创新行为关系中起中介作用	是
H7	促进型焦点在工作不安全感影响挑战性压力中起调节作用，即当促进型焦点较高时，工作不安全感对挑战性压力的正向影响更强	是
H8	促进型焦点调节工作不安全感通过挑战性压力作用到个体创新行为的中介作用，即当促进型焦点较高时，工作不安全感通过挑战性压力影响个体创新行为的中介作用更强	是
H9	防御型焦点在工作不安全感影响阻碍性压力关系中起调节作用，即当防御型焦点较高时，工作不安全感对阻碍性压力的正向影响更强	是
H10	防御型焦点调节工作不安全感通过阻碍性压力作用到个体创新行为的中介作用，即防御型焦点较高时，工作不安全感通过阻碍性压力影响个体创新行为的中介作用更强	是

本书研究发现，工作不安全感会通过挑战性压力和阻碍性压力对创新行为产生不同的影响。这一结论整合了以往工作不安全感和创新行为的研究结论：工作不安全感既可能对创新行为产生负向影响（Probstet et al.，2007；张勇和龙立荣，2013；张小林等，2014），也可能对创新行为产生积极影响（刘淑桢等，2019；周浩和龙立荣，2011），这取决于个体对工作不安全感这一压力源的认知评估过程。一方面，工作不安全感对个体的创新行为具有抑制作用。工作不安全

感会给员工工作的许多方面带来消极影响，比如工作需求的增加、工作压力的增大、工作控制感的缺失、未来发展不确定性的增加等。当个体感知到失去工作或有价值工作特征的威胁时，工作不安全感更倾向于被评估为一种阻碍性压力。个体在面对阻碍性的威胁时，不太会做出没有尝试过的新的反应，而是采取自己相对熟悉的习惯化的保守行动，阻碍性威胁的情景往往导致个体的僵化或不适应反应，创新性的思想、想法或行为也会相应减少。因此，工作不安全感会通过阻碍性压力的认知对个体的创新行为产生负向影响。另一方面，工作不安全感对个体的创新行为也具有促进作用。面对未来将要产生的威胁和损失，工作不安全感也会激发主动应对策略的出现，个体为了获得未来职场持续性这一潜在收益而主动调整自己的努力和毅力，并且在面对困难和压力时更加坚持不懈（Consiglio et al.，2016）。此时的工作不安全感更像是一种挑战性压力，激发个体通过目标设定不断提高自我，在这个过程中不断学习新事物、开发新的挑战。挑战性压力在增强个体斗志的同时也通过改变个体对工作不安全感的认知为他们提供有助于培养创新想法的更多认知资源（Slemp & Vella-Brodrick，2014）。因此，工作不安全感会通过挑战性压力的认知对个体的创新行为产生正向影响。

此外，本书还提出了促进型焦点和防御型焦点对工作不安全感和创新行为的调节机制。现实企业中存在这样一种现象：不同的员工在面对相同工作不安全感水平时所表现出的行为反应和绩效水平存在严重差异。有些员工在高压面前表现出积极的心态，能够勇敢地面对问题，激发工作动力；而有些员工则会焦虑不安，心不在焉，无心工作，严重影响自身工作任务的完成。那么，一定存在某些个体差异变量影响个体的认知和行为反应。本书在文献梳理的基础上，提出了以促进型焦点和防御型焦点为调节变量的工作不安全感对创新行为影响的权变模型，并通过层次回归分析和 Bootstrap 法对模型进行验证，得到各个调节变量的调节效果图。这一研究发现也验证了 Tu 等（2020）的研究，即个体对工作不安全感的态度、决策、行为等会受到个体自我调节系统的影响，调节系统不同，个体的信息加工方式和行为取向也会不用。促进型焦点的个体在面临高度工作不安全感时，会产生期望继续留任组织、获得就业持续性收益的想法，为了获得未来收益和提高绩效，他们会被激励去改变工作的各个方面，也会产生更多能够产生高绩效的创新行为。而有防御型焦点的个体在高风险低收益和自我保护的模式下，会为了避免错误更加关注责任和义务，毕竟创新行为具有一定的风险性，这与他们避免失去的自我控制系统并不相符，因此防御型焦点的个体更不愿意从事创新行为。

5.5 本章小结

　　本章主要是对第三章提出的工作不安全感对个体创新行为的权变作用效应模型进行实证检验。首先，本章选取河南省 12 家高新技术企业为调查对象，经过一个月的领导—员工配对调查过程，共收集到 60 个团队 414 份员工的配对调查问卷。其次，采用 Cronbach's α、探索性因子分析、验证性因子分析等方法对选取的主要变量测量量表的信度和效度进行检验，各测量量表均表现出较好的信效度和适用性。最后，采用层次回归分析、结构方程模型、Bootstrap 等方法对所提出的 10 个研究假设进行逐个检验，最终本章研究假设全部得到支持。

6 工作不安全感氛围对团队创新行为权变作用机制实证研究

6.1 研究目的和方法

6.1.1 研究目的

考虑到团队工作的普遍性，我们不仅研究个体层面工作不安全感带来的权变效应，还把这项研究延伸到团队层面，探索团队层面工作不安全感氛围所带来的差异影响。为此，我们整合了压力交互理论、共享调节焦点理论、团队作为信息处理者和群体动力学的相关研究文献，认为团队共享调节焦点影响了团队在应对工作不安全感氛围时的创新表现。本章的目的主要是通过实证研究检验团队层面工作不安全感氛围对团队创新行为的权变效应，具体地，对于共享促进型焦点的团队来说，工作不安全感氛围可以被视为一种动力，会通过产生团队挑战性压力的群体认知对团队创新行为产生积极影响；而对于共享防御型焦点的团队来说，工作不安全感氛围是一种负担，会通过产生团队阻碍性压力的群体认知对团队创新行为产生消极影响。团队层面工作不安全感氛围对团队创新行为的权变作用模型如图 6-1 所示，具体包括以下研究假设：

H11：工作不安全感氛围对团队挑战性压力具有正向影响作用。

H12：工作不安全感氛围对团队阻碍性压力具有正向影响作用。

H13：团队挑战性压力对团队创新行为具有正向影响作用。

H14：团队阻碍性压力对团队创新行为具有负向影响作用。

H15：团队挑战性压力在工作不安全感氛围与团队创新行为关系中起中介作用。

H16：团队阻碍性压力在工作不安全感氛围与团队创新行为关系中起中介作用。

H17：共享促进型焦点在工作不安全感氛围影响团队挑战性压力中起调节作用，即当共享促进型焦点高时，工作不安全感氛围对团队挑战性压力的正向影响更强。

H18：共享促进型焦点调节工作不安全感氛围通过团队挑战性压力作用到团队创新行为的中介作用，即当共享促进型焦点较高时，工作不安全感氛围通过团队挑战性压力影响团队创新行为的中介作用更强。

H19：共享防御型焦点在工作不安全感氛围影响团队阻碍性压力关系中起调节作用，即当共享防御型焦点高时，工作不安全感氛围对团队阻碍性压力的正向影响更强。

H20：共享防御型焦点调节工作不安全感氛围通过团队阻碍性压力作用到团队创新行为的中介作用，即当共享防御型焦点较高时，工作不安全感氛围通过团队阻碍性压力影响团队创新行为的中介作用更强。

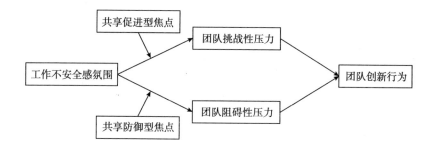

图6-1　团队层面工作不安全感氛围对团队创新行为的权变作用模型

6.1.2　研究样本与数据收集

本章数据收集过程与第五章数据收集同时进行（数据收集过程详见5.1.2），即研究样本来自河南省12家高新技术企业的60个团队414名员工，平均每个团队有5~8名成员。依然采用两阶段领导和员工配对调查方式，即调查问卷包括领导问卷和员工问卷。第一阶段调查主要是由团队成员填写员工问卷，员工问卷除了包括第五章中的引导语、基本信息，第三部分核心变量还包括工作不安全感氛围、团队共享调节焦点、团队挑战性—阻碍性压力；第二阶段调查主要是团队领导在一个月后对整个团队成员的创新情况进行评估。

　　团队领导的基本特征统计情况如表6-1所示。从性别结构来看，团队领导以男性为主，有49人，占81.67%，女性领导只有11人，占18.33%；从婚姻状况来看，超过一半的团队领导已婚，有38人，占63.33%，未婚的团队领导有20人，占33.33%；从年龄结构来看，团队领导多是36~45岁，有29人，占48.33%，其次为26~35岁的团队领导，有19人，占31.67%，45岁以上的团队领导人数较少，只有12人，占20.0%，本次调查样本中没有25岁以下的团队领导；从教育背景来看，团队领导主要是本科及以上学历，其中本科和研究生学历分别占比45.0%和51.67%；从工作年限来看，团队领导主要分布在6~8年和9~11年两个时间段，分别占40.0%和33.33%，其次为工作了12年及以上的团队领导，占13.33%，此外还有少部分工作3~5年的团队领导，占13.33%。

表6-1　团队领导基本情况统计

变量	类别	数量（人）	比例（%）
性别	男	49	81.67
	女	11	18.33
婚姻状况	未婚	20	33.33
	已婚	38	63.33
	其他	2	3.33
年龄	25岁及以下	0	0.00
	26~35岁	19	31.67
	36~45岁	29	48.33
	46~55岁	9	15.00
	56岁及以上	3	5.00
教育背景	高中及以下	0	0.00
	大专	2	3.33
	本科	27	45.00
	研究生	31	51.67

变量	类别	数量（人）	比例（%）
工作年限	2年及以下	0	0.00
	3~5年	8	13.33
	6~8年	24	40.00
	9~11年	20	33.33
	12年及以上	8	13.33

6.1.3　测量工具

本章研究模型主要涉及工作不安全感氛围、共享调节焦点、团队挑战型—阻碍性压力、团队创新行为等变量。主要变量所使用的测量量表如下：

工作不安全感氛围：采用本书第四章开发的工作不安全感氛围量表来测量，包括工作丧失不安全感氛围、薪酬不安全感氛围、人际关系不安全感氛围、职业发展不安全感氛围、工作特征不安全感氛围五个维度20个题项。本量表采用Likert 5点量表，其中"1＝非常不符合""2＝比较不符合""3＝不确定""4＝比较符合""5＝非常符合"。

团队共享调节焦点：本书采用蒋琬（2015）改编自Shin和Zhou（2017）的个体调节焦点量表来测量团队共享调节焦点，共6个题项，包括共享促进型焦点和共享防御型焦点两个维度，从员工对团队成员感知的角度来评价团队共享调节焦点。共享促进型焦点从收益、成就和理想三个方面来衡量，包括3个题项，分别为"如果有机会承担高风险和高收益的工作任务，我们肯定会选择承担这项工作任务""我们的工作动机来自我们的希望和追求""我们团队所有人都专注于完成能够提升自我的工作任务"。共享防御型焦点从安全、责任和损失三个方面来衡量，包括3个题项，分别为"履行我们的工作职责对我们来说很重要""我们集中精力以规避工作失误"和"我们大家更愿意完成能够提升工作安全感的工作任务"。本量表采用Likert 5点量表，其中"1＝非常不符合""2＝比较不符合""3＝不确定""4＝比较符合""5＝非常符合"。

团队挑战性—阻碍性压力：本书采用Cavanaugh等（2000）的量表测量团队挑战性压力和阻碍性压力，从员工对团队成员感知的角度来评价团队的挑战性—阻碍性压力，因此相关表述从"我"改为"我们"或"我们团队"。本量表共包括11个题项，其中，团队挑战性压力包括6个题项，从"我们团队的工作任务量""我们团队在工作上花费的时间""我们团队必须在规定时间内完成的工作量""我们团队经历的时间压力""我们团队的责任量""我们团队的职责范围"6个方面衡量个体感知到的团队挑战性压力的水平;团队阻碍性压力包括5个题项,从"组织政治对组织决策的影响程度""无法清楚地了解工作对我们的期望""为了完成工作,我们需要经历大量的繁文缛节""我们缺乏工作保障""我们的职业生涯似乎停滞不前"5个方面衡量个体感知到的团队阻碍性压力的水平。本量表采用 Likert 5 点量表进行评估,调查者需要回答与上述工作相关的项目给他们团队造成了多大压力,"1"表示"不产生压力","5"表示"产生大量压力"。

团队创新行为:本书采用 Shin 和 Zhou(2007)的量表来测量团队创新行为,共包括4个题项,从想法的新颖性、想法的重要性和想法的有用性三个方面来评估团队的创新水平。题项包括"团队经常产生新的想法""团队提出的想法是有用的""团队具有创造性""团队提出的想法对组织来说是非常重要的"。本量表采用 Likert 5 点量表,其中"1=非常不符合""2=比较不符合""3=不确定""4=比较符合""5=非常符合"。该量表由团队的直接领导作答,对团队的整体创新行为做出评价。

控制变量:本书将团队成员性别比例、团队成员平均年龄、团队成员平均受教育程度、团队成员平均工作年限、团队规模等因素作为控制变量,避免其对研究假设等后续研究所产生的影响。

6.1.4 数据聚合检验与统计分析方法

6.1.4.1 数据聚合检验

本书的模型处于团队层面,需要将工作不安全感氛围、共享促进型焦点、共享防御型焦点、团队挑战性压力、团队阻碍性压力等由个人评价的数据聚合到团队层面,因此本书采用组内一致性(rwg)和组内相关系数[ICC(1)和ICC(2)]来判断这些数据聚合的合理性。rwg 是对低水平变量的方差和随机分布的方差进行比较,以确定在高水平变量中添加低水平变量的合理性;ICC 是对组内方差和组间平均方差的比较,包括组内解释方差的比例 ICC(1)和组成员的平均得分信度 ICC(2)。一般认为,rwg 大于 0.7、ICC(1)大于 0.05、ICC(2)大于 0.47(Bliese et al.,2018)表述数据的聚合是合理的。如表 6-2 所示,在本书中,工作不安全感氛围(0.84)、共享促进型焦点(0.90)、共享防御型焦点(0.83)、团队挑战性压力(0.88)和团队阻碍性压力(0.89)的 rwg 值均大于 0.70，表明样本工作组具有较高的内部一致性。工作不安全感氛围（0.13）、共享促进型焦点（0.17）、共享防御型焦点（0.23）、团队挑战性压力（0.21）和团队阻碍性压力（0.19）的 ICC（1）值均大于 0.05；工作不安全感氛围（0.67）、共享促进型焦点（0.73）、共享防御型焦点（0.62）、团队挑战性压力（0.69）和团队阻碍性压力（0.72）的 ICC（2）值均大于 0.47。综上所述，将个体评价的工作不安全感氛围、共享促进型焦点、共享防御型焦点、团队挑战性压力和团队阻碍性压力聚合到团队层面是合理的。

表 6-2　团队层面变量数据聚合指标统计

变量	r_{wg}	ICC（1）	ICC（2）
工作不安全感氛围	0.84	0.13	0.67
共享促进型焦点	0.90	0.17	0.73
共享防御型焦点	0.83	0.23	0.62
团队挑战性压力	0.88	0.21	0.69
团队阻碍性压力	0.89	0.19	0.72

6.1.4.2　数据统计分析方法

本章研究模型各变量虽然均在团队层面，但不涉及跨层次的关系，因此主要采用 SPSS 软件和 AMOS 软件进行数据分析。

信效度分析。通过计算 Cronbach's α、探索性因子分析、验证性因子分析等指标对各变量测量量表的信度和效度进行检验，确保测量量表在本书中的适用性以及本书所构建的模型是否具有区分效度。

相关性分析。采用 Pearson 相关系数法对各主要变量（工作不安全感氛围、共享促进型焦点、共享防御型焦点、团队挑战性压力、团队阻碍性压力、团队创新行为）进行相关性分析，初步对模型的假设进行检验。

假设检验。假设检验主要采用了层次回归分析、结构方程模型、Boostrap 等方法进行。采用层次回归法检验工作不安全感氛围和团队挑战性压力、团队阻碍性压力，以及团队挑战性压力、团队阻碍性压力与团队创新行为之间的直接关系；采用结构方程模型和 Boostrap 法检验团队挑战性压力、团队阻碍性压力在工作不安全感氛围和团队创新行为之间的中介作用；采用层次回归法和 Boostrap 法检验共享促进型焦点和共享防御型焦点的调节作用及其有调节的中介作用。

6.2 变量信效度与相关性分析

6.2.1 共同方法偏差检验

共同方法偏差（Common Method Bias）指的是在研究过程中，由于数据来自同一调查对象、相同施测环境等因素引起的测量变量之间的共变关系。因此，为了避免共同方法偏差对研究结果产生的影响，一方面，本书采用领导和下属配对的数据以及不同时间点采集对研究过程进行严格控制；另一方面，在统计上采用Harman 单因素方法（Podsakoff et al.，2012）对此问题进行检验。Harman 单因素方差检验结果表明，本书共得到了 6 个特征值大于 1 的因子，未经旋转的最大因子解释的变异量为 25.75%（小于 40%）（许丹佳等，2019），说明本书的不存在严重的共同方法偏差影响，可以继续进行深入的分析。

6.2.2 信效度分析

6.2.2.1 信度分析

本书采用 SPSS 22.0 软件对工作不安全感氛围、共享促进型焦点、共享防御型焦点、团队挑战性压力、团队阻碍性压力、团队创新行为六个主要变量测量量表的信度进行分析，Cronbach's α 值如表 6-3 所示。可以看出，所有变量的Cronbach's α 值最低为 0.87，均高于 0.7 的判断标准，表明本次调查问卷中的量表均具有较高的稳定性和可靠性。

表 6-3 团队层面各量表信度检验

变量	维度	题项数	Cronbach's α	总体 Cronbach's α
工作不安全感氛围	工作丧失不安全感氛围	6	0.87	0.89
	薪酬不安全感氛围	3	0.89	
	人际关系不安全感氛围	3	0.91	
	职业发展不安全感氛围	4	0.90	
	工作特征不安全感氛围	4	0.88	

续表

变量	维度	题项数	Cronbach's α	总体 Cronbach's α
共享调节焦点	共享促进型焦点	3	0.86	0.87
	共享防御型焦点	3	0.89	
团队压力	团队挑战性压力	6	0.93	0.92
	团队阻碍性压力	5	0.92	
团队创新行为	单维度	4	0.91	0.91

6.2.2.2 探索性因子分析

采用 SPSS 22.0 软件对工作不安全感氛围、团队共享调节焦点、团队挑战性—阻碍性压力、团队创新行为的量表进行探索性因子分析。

（1）工作不安全感氛围量表。

如表 6-4 所示，工作不安全感氛围量表的 KMO 值为 0.88，Bartlett 的球形检验 Sig. =0.000，表明工作不安全感氛围量表各题项之间具有较强的相关性，适合进行因子分析。采用主成分方差最大旋转法提取特征值大于 1 的主成分，如表 6-5 所示，共提取到五个成分，即工作丧失不安全感氛围、薪酬不安全感氛围、人际关系不安全感氛围、职业发展不安全感氛围、工作特征不安全感氛围，且每个成分上的因子载荷都超过 0.5，符合本书构建的工作不安全感氛围量表维度的划分，累计方差解释量达到 72.32%，表明该量表在本书中具有较好的适用性。

表 6-4　工作不安全感氛围量表因子分析的 KMO 检验值

取样足够的 Kaiser-Meyer-Olkin		0.880
Bartlett 的球形检验	近似卡方	1083.432
	df	231
	Sig.	0.000

表 6-5　工作不安全感氛围量表探索性因子分析结果

序号	项目	成分				
		F1	F2	F3	F4	F5
1	工作丧失不安全感氛围项目 1	0.79				
2	工作丧失不安全感氛围项目 2	0.75				
3	工作丧失不安全感氛围项目 3	0.73				

续表

序号	项目	成分				
		F1	F2	F3	F4	F5
4	工作丧失不安全感氛围项目4	0.67				
5	工作丧失不安全感氛围项目5	0.64				
6	工作丧失不安全感氛围项目6	0.60				
7	薪酬不安全感氛围项目1		0.77			
8	薪酬不安全感氛围项目2		0.73			
9	薪酬不安全感氛围项目3		0.65			
10	人际关系不安全感氛围项目1			0.72		
11	人际关系不安全感氛围项目2			0.68		
12	人际关系不安全感氛围项目3			0.64		
13	职业发展不安全感氛围项目1				0.74	
14	职业发展不安全感氛围项目2				0.70	
15	职业发展不安全感氛围项目3				0.64	
16	职业发展不安全感氛围项目4				0.61	
17	工作特征不安全感氛围项目1					0.75
18	工作特征不安全感氛围项目2					0.69
19	工作特征不安全感氛围项目3					0.64
20	工作特征不安全感氛围项目4					0.59
	累计方差解释量	72.32%				

（2）团队共享调节焦点量表。

如表6-6所示，团队共享调节焦点量表的 KMO 值为 0.863，Bartlett 的球形检验 Sig. =0.000，表明团队共享调节焦点量表各题项之间具有较强的相关性，适合进行因子分析。采用主成分方差最大旋转法提取特征值大于 1 的主成分，如表6-7所示，共提取到两个成分，即共享促进型焦点和共享防御型焦点，且每个成分上的因子载荷都超过 0.5，符合团队共享调节焦点量表维度的划分，累计方差解释量达到 73.75%，表明该量表在本书中具有较好的适用性。

表 6-6　团队共享调节焦点量表因子分析的 KMO 检验值

取样足够的 Kaiser-Meyer-Olkin		0.863
Bartlett 的球形检验	近似卡方	1234.422
	df	42
	Sig.	0.000

表 6-7　团队共享调节焦点量表探索性因子分析结果

序号	项目	成分	
		F1	F2
1	共享促进型焦点项目 1	0.85	
2	共享促进型焦点项目 2	0.72	
3	共享促进型焦点项目 3	0.68	
4	共享防御型焦点项目 1		0.76
5	共享防御型焦点项目 2		0.67
6	共享防御型焦点项目 3		0.61
累计方差解释量		73.75%	

（3）团队挑战性—阻碍性压力量表。

如表 6-8 所示，团队挑战性—阻碍性压力量表的 KMO 值为 0.898，Bartlett 的球形检验 Sig. =0.000，表明团队挑战性—阻碍性压力量表各题项之间具有较强的相关性，适合进行因子分析。采用主成分方差最大旋转法提取特征值大于 1 的主成分，如表 6-9 所示，共提取到两个成分，即团队挑战性压力和团队阻碍性压力，且每个成分上的因子载荷都超过 0.5，符合团队挑战性—阻碍性压力量表维度的划分，累计方差解释量达到 74.95%，表明该量表在本书中具有较好的适用性。

表 6-8　团队挑战性—阻碍性压力量表因子分析的 KMO 检验值

取样足够的 Kaiser-Meyer-Olkin		0.898
Bartlett 的球形检验	近似卡方	2753.569
	df	124
	Sig.	0.000

表 6-9 团队挑战性—阻碍性压力量表探索性因子分析结果

序号	项目	成分	
		F1	F2
1	团队挑战性压力项目 1	0.84	
2	团队挑战性压力项目 2	0.77	
3	团队挑战性压力项目 3	0.75	
4	团队挑战性压力项目 4	0.69	
5	团队挑战性压力项目 5	0.66	
6	团队挑战性压力项目 6	0.61	
7	团队阻碍性压力项目 1		0.83
8	团队阻碍性压力项目 2		0.81
9	团队阻碍性压力项目 3		0.79
10	团队阻碍性压力项目 4		0.74
11	团队阻碍性压力项目 5		0.68
累计方差解释量		74.95%	

（4）团队创新行为量表。

如表 6-10 所示，团队创新行为量表的 KMO 值为 0.913，Bartlett 的球形检验 Sig. = 0.000，表明团队创新行为量表各题项之间具有较强的相关性，适合进行因子分析。采用主成分方差最大旋转法提取特征值大于 1 的主成分，如表 6-11 所示，共提取到 1 个成分，且该成分上的因子载荷都超过 0.5，符合团队创新行为量表维度的划分，累计方差解释量达到 68.84%，表明该量表在本书中具有较好的适用性。

表 6-10 团队创新行为量表因子分析的 KMO 检验值

取样足够的 Kaiser-Meyer-Olkin		0.913
Bartlett 的球形检验	近似卡方	432.948
	df	21
	Sig.	0.000

表 6-11　团队创新行为量表探索性因子分析结果

序号	项目	成分
		F1
1	团队创新行为项目 1	0.82
2	团队创新行为项目 2	0.73
3	团队创新行为项目 3	0.70
4	团队创新行为项目 4	0.69
累计方差解释量		68.84%

6.2.2.3　验证性因子分析

本书使用 AMOS 软件进行验证性因子分析，对研究模型中主要变量（工作不安全感氛围、共享促进型焦点、共享防御型焦点、团队挑战性压力、团队阻碍性压力、团队创新行为）的区分效度进行检验。基准模型为六因子模型，由工作不安全感氛围、共享促进型焦点、共享防御型焦点、团队挑战性压力、团队阻碍性压力、团队创新行为六个因子构成。同时，以六因子模型为基准模型，合并相关系数较高的因子，本书另外提出了五个竞争模型，通过比较各个模型之间的 χ^2/df、RMSEA、CFI、NFI、TLI 以及 IFI 等指标判定哪个模型为最优模型。五个竞争模型分别为：五因子模型，将共享促进型焦点和共享防御型焦点合并为一个因子，保留工作不安全感氛围、团队挑战性压力、团队阻碍性压力、团队创新行为；四因子模型，将共享促进型焦点和共享防御型焦点合并为一个因子，团队挑战性压力和团队阻碍性压力合并为一个因子，保留工作不安全感氛围、团队创新行为；三因子模型，将工作不安全感氛围、共享促进型焦点和共享防御型焦点合并为一个因子，团队挑战性压力和团队阻碍性压力合并为一个因子，保留团队创新行为；二因子模型，将工作不安全感氛围、共享促进型焦点和共享防御型焦点合并为一个因子，团队挑战性压力、团队阻碍性压力和团队创新行为合并为一个因子；单因子模型，将工作不安全感氛围、共享促进型焦点、共享防御型焦点、团队挑战性压力、团队阻碍性压力、团队创新行为合并为一个因子。六因子模型与其他五个竞争模型的拟合结果如表 6-12 所示，可以看出，六因子模型拟合效果（ $\chi^2/df = 2.18$、RMSEA $= 0.05$、CFI $= 0.92$、NFI $= 0.91$、TLI $= 0.92$、IFI $= 0.91$ ）最好，说明本模型的主要变量间具有良好的区分效度。

表 6-12 团队层面六因子模型与竞争模型拟合情况比较

模型	χ^2	df	χ^2/df	RMSEA	CFI	NFI	TLI	IFI
六因子模型	557.93	256	2.18	0.05	0.92	0.91	0.92	0.91
五因子模型	843.87	257	3.28	0.06	0.83	0.84	0.84	0.84
四因子模型	1087.43	258	4.21	0.07	0.78	0.78	0.77	0.78
三因子模型	1276.98	259	4.93	0.08	0.70	0.71	0.71	0.71
二因子模型	1365.87	260	5.25	0.10	0.63	0.62	0.62	0.63
单因子模型	1543.76	261	5.91	0.11	0.58	0.58	0.59	0.59

6.2.3 描述性统计和相关性分析

本书所涉及的主要变量均为连续变量，检验连续变量之间相关程度常用的方法是 Pearson 相关系数，并通过双尾检验相关系数的显著性。本书主要分析了工作不安全感氛围、共享促进型焦点、共享防御型焦点、团队挑战性压力、团队阻碍性压力、团队创新行为等变量之间的相关性。

从表 6-13 可以看出，工作不安全感氛围与团队挑战性压力显著正相关（r=0.54，p<0.01），工作不安全感氛围与团队阻碍性压力显著正相关（r=0.54，p<0.01），团队挑战性压力与团队创新行为显著正相关（r=0.27，p<0.05），团队阻碍性压力与团队创新行为显著负相关（r=-0.43，p<0.01）。以上分析结果为假设的成立提供了初步证据，同时也为后续回归分析奠定了基础。

表 6-13 团队层面各变量之间描述性统计与相关性分析

变量	M	SD	1	2	3	4	5	6	7	8	9	10
1. TG	0.63	0.34										
2. TA	2.52	0.71	0.26									
3. TE	2.45	0.80	0.29*	0.88**								
4. TW	2.55	0.54	0.01	0.66**	0.68**							
5. TS	6.90	2.25	0.28	0.63**	0.74**	0.67*						
6. JIC	3.73	0.22	0.28	0.01	0.22	-0.09	0.04					

变量	M	SD	1	2	3	4	5	6	7	8	9	10
7. CMF	3.54	0.60	0.09	-0.26	-0.07	-0.15	-0.06	0.49**				
8. CVF	3.81	0.65	0.13	-0.26	-0.03	-0.16	-0.11	0.50**	0.55**			
9. TCS	3.18	0.20	0.40**	0.34*	0.28*	0.07	0.17	0.54**	-0.02	-0.12		
10. THS	3.22	0.42	0.15	-0.17	0.09	-0.11	-0.03	0.54**	0.42**	0.54**	0.12*	
11. TIB	2.33	0.48	-0.13	0.29*	0.03	0.12	0.08	-0.38**	-0.38**	-0.50**	0.27*	-0.43**

注: M 为平均值, SD 为标准差; ** 表示 $p<0.01$, * 表示 $p<0.05$。TG (Team Gender) = 团队成员性别比例, TA (Team Age) = 团队成员平均年龄, TE (Team Education) = 团队成员平均受教育程度, TW (Team Work) = 团队成员平均工作年限, TS (Team Size) = 团队规模, JIC (Job Insecurity Climate) = 工作不安全感氛围, CMF (Collective Promotion Focus) = 共享促进型焦点, CVF (Collective Prevention Focus) = 共享防御型焦点, TCS (Team Challenge Stress) = 团队挑战性压力, THS (Team Hindrance Stress) = 团队阻碍性压力, TIB (Team Innovation Behavior) = 团队创新行为。

6.3　工作不安全感氛围对团队创新行为权变效应分析

6.3.1　直接效应检验

6.3.1.1　工作不安全感氛围与团队挑战性压力的回归

本书的假设 11 为工作不安全感氛围对团队挑战性压力的影响作用, 为了检验这一假设, 本书采用 SPSS 22.0 软件进行了层次回归分析。首先, 将团队挑战性压力设为因变量, 将团队成员性别比例、团队成员平均年龄、团队成员平均受教育程度、团队成员平均工作年限、团队规模作为控制变量构建模型 1 (Model 1); 其次, 加入自变量工作不安全感氛围构建模型 2 (Model 2)。层次回归的分析结果如表 6-14 所示, 从表中可以看出, 在控制了团队成员性别比例、团队成员平均年龄、团队成员平均受教育程度、团队成员平均工作年限、团队规模变量后, 模型 2 中工作不安全感氛围对团队挑战性压力具有显著的正向影响 (Model 2, $\beta=0.64$, $p<0.01$), 且模型 2 的 ΔR^2 为 0.279, $F=8.004$, $p<0.01$, 表明模型 2 在引入工作不安全感氛围后, 对团队挑战性压力的解释力比原模型提高了

27.9%。另外，模型2中各变量的方差膨胀因子（VIF）均小于10，表明变量之间不存在明显的多重共线性问题。因此，上述过程表明，在控制了相关变量后，工作不安全感氛围对团队挑战性压力具有显著正向影响，假设11得到支持。

表6-14　工作不安全感氛围对团队挑战性压力的层次回归结果

变量	Model 1				Model 2			
	β	t	Sig.	VIF	β	t	Sig.	VIF
控制变量								
团队成员性别比例	0.33	2.28	0.03	1.24	0.19	1.620	0.11	1.31
团队成员平均年龄	0.41	1.48	0.15	4.65	0.92	3.724	0.01	5.56
团队成员平均受教育程度	−0.02	−0.067	0.95	5.93	−0.78	−2.648	0.01	6.00
团队成员平均工作年限	−0.13	−0.65	0.52	2.46	0.01	0.08	0.94	2.539
团队规模	−0.09	−0.42	0.68	2.62	0.07	0.40	0.69	2.709
自变量								
工作不安全感氛围					0.64**	5.07	0.00	1.48
R^2	0.243				0.522			
ΔR^2	0.243				0.279			
F	2.885*				8.004**			

注：因变量为团队挑战性压力；**表示$p<0.01$，*表示$p<0.05$。

6.3.1.2　工作不安全感氛围与团队阻碍性压力的回归

本书的假设12为工作不安全感氛围对团队阻碍性压力的影响作用，为了检验这一假设，本书采用SPSS 22.0软件进行了层次回归分析。首先，将团队阻碍性压力设为因变量，将团队成员性别比例、团队成员平均年龄、团队成员平均受教育程度、团队成员平均工作年限、团队规模作为控制变量构建模型3（Model 3）；其次，加入自变量工作不安全感氛围构建模型4（Model 4）。层次回归的分析结果如表6-15所示，从表中可以看出，在控制了团队成员性别比例、团队成员平均年龄、团队成员平均受教育程度、团队成员平均工作年限、团队规模变量后，模型4中工作不安全感氛围对团队阻碍性压力具有显著的正向影响（Model 4，$\beta=0.36$，$p<0.05$），且模型4的ΔR^2为0.088，F＝5.096，$p<0.01$，表明模型4在引入工作不安全感氛围后，对团队阻碍性压力的解释力比原模型提高了

8.8%。另外，模型6中各变量的方差膨胀因子（VIF）均小于10，表明变量之间不存在明显的多重共线性问题。因此，上述过程表明，在控制了相关变量后，工作不安全感氛围对团队阻碍性压力具有显著正向影响，假设12得到支持。

表6-15 工作不安全感氛围对团队阻碍性压力的层次回归结果

变量	Model 3				Model 4			
	β	t	Sig.	VIF	β	t	Sig.	VIF
控制变量								
团队成员性别比例	0.15	0.08	0.29	1.24	0.07	0.54	0.60	1.31
团队成员平均年龄	-0.08	-0.09	0.00	4.65	-0.80	-0.94	0.01	5.56
团队成员平均受教育程度	0.21	0.06	0.00	5.93	0.08	0.40	0.02	5.99
团队成员平均工作年限	-0.07	-0.35	0.73	2.46	0.01	0.07	0.94	2.54
团队规模	-0.23	-0.17	0.25	2.62	-0.15	-0.76	0.45	2.71
自变量								
工作不安全感氛围					0.36*	2.56	0.01	1.48
R^2	0.322				0.410			
ΔR^2	0.322				0.088			
F	4.277**				5.096**			

注：因变量为团队阻碍性压力；**表示 $p < 0.01$，*表示 $p < 0.05$。

6.3.1.3 团队挑战性压力与团队创新行为的回归

本书的假设13为团队挑战性压力对团队创新行为的影响作用，为了检验这一假设，本书采用SPSS 22.0软件进行了层次回归分析。首先，将团队创新行为设为因变量，将团队成员性别比例、团队成员平均年龄、团队成员平均受教育程度、团队成员平均工作年限、团队规模作为控制变量构建模型5（Model 5）；其次，加入自变量团队挑战性压力构建模型6（Model 6）。层次回归的分析结果如表6-16所示，从表中可以看出，在控制了团队成员性别比例、团队成员平均年龄、团队成员平均受教育程度、团队成员平均工作年限、团队规模变量后，模型6中团队挑战性压力对团队创新行为具有显著的正向影响（Model 6，β = 0.29，$p < 0.05$），且模型6的 ΔR^2 为 0.063，F = 5.331，$p < 0.01$，表明模型6在引入团队挑战性压力后，对团队创新行为的解释力比原模型提高了6.3%。另外，模型

6中各变量的方差膨胀因子（VIF）均小于10，表明变量之间不存在明显的多重共线性问题。因此，上述过程表明，在控制了相关变量后，团队挑战性压力对团队创新行为具有显著正向影响，假设13得到支持。

表6-16　团队挑战性压力对团队创新行为的层次回归结果

变量	Model 5				Model 6			
	β	t	Sig.	VIF	β	t	Sig.	VIF
控制变量								
团队成员性别比例	-0.19	-1.42	0.16	1.24	-0.28	-2.11	0.04	1.38
团队成员平均年龄	0.22	4.76	0.00	4.65	0.11	4.36	0.00	4.88
团队成员平均受教育程度	-0.10	-3.79	0.00	5.93	-0.10	-3.92	0.00	5.93
团队成员平均工作年限	-0.09	-0.48	0.63	2.46	-0.05	-0.29	0.77	2.49
团队规模	0.23	1.20	0.24	2.62	0.26	1.38	0.17	2.63
自变量								
团队挑战性压力					0.29*	2.18	0.03	1.32
R^2	0.358				0.420			
ΔR^2	0.357				0.063			
F	5.008**				5.331**			

注：因变量为团队创新行为；**表示p<0.01，*表示p<0.05。

6.3.1.4　团队阻碍性压力与团队创新行为的回归

本书的假设14为团队阻碍性压力对团队创新行为的影响作用，为了检验这一假设，本书采用SPSS 22.0软件进行了层次回归分析。首先，将团队创新行为设为因变量，将团队成员性别比例、团队成员平均年龄、团队成员平均受教育程度、团队成员平均工作年限、团队规模为控制变量构建模型7（Model 7）；其次，加入自变量团队阻碍性压力构建模型8（Model 8）。层次回归的分析结果如表6-17所示，从表中可以看出，在控制了团队成员性别比例、团队成员平均年龄、团队成员平均受教育程度、团队成员平均工作年限、团队规模变量后，模型8中团队阻碍性压力对团队创新行为具有显著的负向影响（Model 8，β=-0.54，p<0.01），且模型8的ΔR^2为0.372，F=19.811，p<0.01，表明模型8在引入团队阻碍性压力后，对团队创新行为的解释力比原模型提高了37.2%。另外，模型

8 中各变量的方差膨胀因子（VIF）均小于 10，表明变量之间不存在明显的多重共线性问题。因此，上述过程表明，在控制了相关变量后，团队阻碍性压力对团队创新行为具有显著负向影响，假设 14 得到支持。

表 6-17　团队阻碍性压力对团队创新行为的层次回归结果

变量	Model 7				Model 8			
	β	t	Sig.	VIF	β	t	Sig.	VIF
控制变量								
团队成员性别比例	−0.19	−0.42	0.16	1.24	−0.08	−0.90	0.37	1.27
团队成员平均年龄	0.22	0.77	0.00	4.65	0.42	2.12	0.04	4.38
团队成员平均受教育程度	−0.10	−0.78	0.00	5.93	−0.02	−0.91	0.37	5.10
团队成员平均工作年限	−0.09	−0.48	0.63	2.46	−0.14	−1.14	0.25	2.47
团队规模	0.23	0.20	0.23	2.62	0.06	0.46	0.64	2.70
自变量								
阻碍性压力					−0.54 **	−7.787	0.00	1.47
R^2	0.357				0.730			
ΔR^2	0.358				0.372			
F	5.008 **				19.811 **			

注：因变量为团队创新行为；** 表示 $p<0.01$，* 表示 $p<0.05$。

6.3.2　团队挑战性—阻碍性压力的中介效应检验

6.3.2.1　结构方程模型检验

假设 15 和假设 16 分别提出了团队挑战性压力在工作不安全感氛围和团队创新行为之间的中介作用、团队阻碍性压力在工作不安全感氛围和团队创新行为之间的中介作用。本书同样采用结构方程模型检验团队挑战性压力和团队阻碍性压力在工作不安全感氛围和团队创新行为之间的中介作用机制。

为了检验团队挑战性压力和团队阻碍性压力的中介效应，接下来将利用结构方程模型构建部分中介模型（模型 1）、完全中介模型（模型 2）和无中介模型（模型 3），通过比较各模型的拟合指数来确定哪个模型更加适合。由表 6-18 可知，部分中介模型的各项拟合指标明显优于完全中介模型 [$\Delta \chi^2$（1）= 18.79，$p<0.001$] 和无中介模型 [$\Delta \chi^2$（1）= 11.39，$p<0.001$]，说明部分中介模型的

拟合效果最优。为了进一步分析路径系数，在模型1基础上，继续构建了两个嵌套模型进行对比（模型4和模型5）。由表6-18可知，模型4 $[\Delta\chi^2(1) = 255.49, p<0.001]$、模型5 $[\Delta\chi^2(1) = 110.42, p<0.001]$ 与基本模型（模型1）的差异均显著，表明基本模型（即部分中介模型）为最优拟合模型，因此嵌套模型4和模型5均被拒绝。

表6-18 团队层面各结构方程模型拟合指数比较

拟合指标	模型1	模型2	模型3	模型4	模型5
	JIC→TCS→TIB JIC→THS→TIB JIC→TIB	JIC→TCS→TIB JIC→THS→TIB	JIC→TCS JIC→THS JIC→TIB	JIC→TIB JIC→TCS→TIB THS→TIB	JIC→TIB JIC→THS→TIB TCS→TIB
χ^2	485.68	504.47	497.068	741.165	596.099
df	246	248	247	248	247
χ^2/df	1.97	2.03	2.02	2.99	2.42
$\Delta\chi^2$		18.79***	11.39***	255.49***	110.42***
CFI	0.93	0.93	0.93	0.86	0.88
TLI	0.92	0.91	0.92	0.83	0.86
RMSEA	0.06	0.07	0.06	0.09	0.08
SRMR	0.06	0.07	0.07	0.09	0.08

注：JIC＝工作不安全感氛围（Job Insecurity Climate），TCS＝团队挑战性压力（Team Challenge Stress），THS＝团队阻碍性压力（Team Hindrance Stress），TIB＝团队创新行为（Team Innovation Behavior）；***表示 p<0.001。

根据模型对比分析的结果可以得出，模型1所表达的变量之间的关系最为合适，即团队挑战性压力在工作不安全感氛围和团队创新行为的关系中起到部分中介作用，并且团队阻碍性压力在工作不安全感氛围和团队创新行为的关系之间也起到部分中介作用。模型的路径系数如图6-2所示。工作不安全感氛围与团队创新行为呈显著正相关（β＝0.34，p<0.01），工作不安全感氛围与团队挑战性压力呈显著正相关（β＝0.24，p<0.01），团队挑战性压力与团队创新行为呈显著正相关（β＝0.31，p<0.01），表明工作不安全感氛围对团队创新行为的影响部分是通过作用于团队挑战性压力产生的。工作不安全感氛围与团队阻碍性压力呈显著正相关（β＝0.32，p<0.01），团队阻碍性压力与团队创新行为呈显著负相关（β＝-0.21，p<0.01），表明工作不安全感氛围对团队创新行为的影响部分是通过作用于团队阻碍性压力产生的。因此，假设15和假设16得到支持。

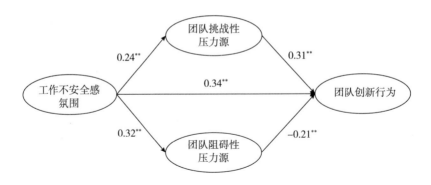

图 6-2　团队挑战性—阻碍性压力的中介效应路径分析结果

6.3.3.2　Bootstrap 法检验

为了进一步验证中介效应，本书采用 Preacher 和 Hayes（2008）建议的 Bootstrap 法进行中介效应程序检验。采用样本自助抽样法对模型中的估计参数进行重新抽样和置信区间估计，基于 5000 次重复抽样模型，利用 SPSS 软件的 Process 程序进行中介效应检验。如果中介效应检验结果显示偏差校正的置信区间不包括 0，则说明中介效应是显著成立的。

本书假设 15 提出了团队挑战性压力在工作不安全感氛围与团队个体创新行为关系中起中介作用。首先，在 SPSS 软件的 Process 程序中，将控制变量（团队成员性别比例、团队成员平均年龄、团队成员平均受教育程度、团队成员平均工作年限、团队规模）、自变量（工作不安全感氛围）、中介变量（团队挑战性压力）和因变量（团队创新行为）依次放入相应的选择框中；其次，选择模型 4，样本量选择 5000 次，置信区间选择 95%，Bootstrap 取样方法选择偏差校正的非参数百分位法。团队挑战性压力的中介效应分析结果如表 6-19 所示，中介效应值为 0.19，95% 置信区间为 [0.049，0.306]，不包含 0，表明团队挑战性压力在工作不安全感氛围和团队创新行为之间的中介作用显著，因此假设 15 得到支持。

表 6-19　团队挑战性压力中介效应的 Bootstrap 分析结果

变量	效应值	S. E.	95%置信区间	
			上限	下限
中介变量：团队挑战性压力	0.19	0.06	0.049	0.306

本书假设 16 提出了团队阻碍性压力在工作不安全感氛围与团队个体创新行为关系中起中介作用。首先，在 SPSS 软件的 Process 程序中，将控制变量（团队成员性别比例、团队成员平均年龄、团队成员平均受教育程度、团队成员平均工作年限、团队规模）、自变量（工作不安全感氛围）、中介变量（团队阻碍性压力）和因变量（团队创新行为）依次放入相应的选择框中；其次，选择模型 4，样本量选择 5000 次，置信区间选择 95%，Bootstrap 取样方法选择偏差校正的非参数百分位法。阻碍性压力的中介效应分析结果如表 6-20 所示，中介效应值为 -0.14，95% 置信区间为 $[-0.242, -0.015]$，不包含 0，表明团队阻碍性压力在工作不安全感氛围和团队创新行为之间的中介作用显著，因此假设 16 得到支持。

表 6-20　团队阻碍性压力中介效应的 **Bootstrap** 分析结果

变量	效应值	S. E.	95%置信区间	
			上限	下限
中介变量：团队阻碍性压力	-0.14	0.06	-0.242	-0.015

6.3.3　团队共享调节焦点的调节效应检验

6.3.3.1　共享促进型焦点的调节效应

本书的假设 17 为共享促进型焦点在工作不安全感氛围与团队挑战性压力中起调节作用，为了检验这一假设，本书采用 SPSS 22.0 软件进行了层次回归分析。首先，将团队挑战性压力设为因变量，将团队成员性别比例、团队成员平均年龄、团队成员平均受教育程度、团队成员平均工作年限、团队规模作为控制变量，并加入自变量工作不安全感氛围构建模型 9（Model 9）；其次，加入调节变量共享促进型焦点构建模型 10（Model 10）；最后，加入工作不安全感氛围与共享促进型焦点的交互项（工作不安全感氛围×共享促进型焦点）构建模型 11（Model 11）。为了避免多重共线性的影响，在构建工作不安全感氛围与共享促进型焦点交互项时，预先将工作不安全感氛围和共享促进型焦点分别进行了标准化处理。层次回归的分析结果如表 6-21 所示，从表中可以看出，模型 11 中工作不安全感氛围与共享促进型焦点的交互项对团队挑战性压力具有显著的正向影响（Model 11，$\beta = 0.12$，$p < 0.01$），表明共享促进型焦点越高，工作不安全感氛围对团队挑战性压力的正向影响越强。

表 6-21　共享促进型焦点调节作用的层次回归结果

变量	Model 9				Model 10				Model 11			
	β	t	Sig.	VIF	β	t	Sig.	VIF	β	t	Sig.	VIF
控制变量												
TG	0.19	1.62	0.11	1.30	0.19	1.72	0.09	1.30	0.21	1.82	0.07	1.31
TA	0.91	3.72	0.01	5.55	0.78	3.15	0.03	5.00	0.66	2.50	0.01	4.92
TE	−0.78	−2.64	0.01	5.99	−0.72	−2.53	0.01	6.06	−0.62	−2.11	0.04	5.72
TW	0.01	0.07	0.94	2.53	0.02	0.17	0.86	2.54	0.05	0.31	0.75	2.57
TS	0.06	0.40	0.68	2.70	0.08	0.50	0.61	2.71	0.04	0.27	0.78	2.81
自变量												
JIC	0.24**	5.06	0.00	1.48	0.35**	5.57	0.00	1.78	0.34**	5.57	0.00	1.78
调节变量												
CMF					−0.24**	−5.96	0.00	1.51	0.23**	4.93	0.00	1.51
交互项												
JIC×CMF									0.12**	5.98	0.00	1.23
R²	0.522				0.561				0.577			
ΔR²	0.522				0.039				0.015			
F	8.004**				7.86**				8.15**			

注：因变量为团队挑战性压力；** 表示 p<0.01，* 表示 p<0.05；TG（Team Gender）＝团队成员性别比例，TA（Team Age）＝团队成员平均年龄，TE（Team Education）＝团队成员平均受教育程度，TW（Team Work）＝团队成员平均工作年限，TS（Team Size）＝团队规模，JIC（Job Insecurity Climate）＝工作不安全感氛围，CMF（Collective Promotion Focus）＝共享促进型焦点。

根据 West 和 Aiken（1996）提出的 simple slope 检验，本书将高于一个标准差的共享促进型焦点作为高共享促进型焦点组、低于一个标准差的共享促进型焦点作为低共享促进型焦点组，分别绘制不同水平的共享促进型焦点下，工作不安全感氛围对团队挑战性压力的不同影响。如图 6-3 所示，与共享促进型焦点较低的团队相比（simple slope=0.22，p<0.01），对于共享促进型焦点较高的团队来说，工作不安全感氛围对团队挑战性压力的正向影响更强（simple slope=0.46， p<0.01）。因此，上述过程表明，共享促进型焦点在工作不安全感氛围对团队挑战性压力影响过程中起调节作用，假设 17 得到支持。

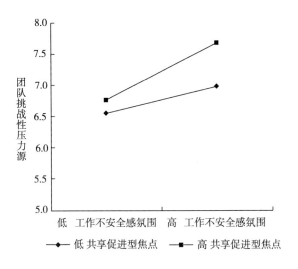

图 6-3　共享促进型焦点的调节作用

6.3.3.2　共享防御型焦点的调节效应

本书的假设 19 为共享防御型焦点在工作不安全感氛围与团队阻碍性压力中起调节作用，为了检验这一假设，本书采用 SPSS 22.0 软件进行了层次回归分析。首先，将团队阻碍性压力设为因变量，将团队成员性别比例、团队成员平均年龄、团队成员平均受教育程度、团队成员平均工作年限、团队规模作为控制变量，并加入自变量工作不安全感氛围构建模型 12（Model 12）；其次，加入调节变量共享防御型焦点构建模型 13（Model 13）；最后，加入工作不安全感氛围与共享防御型焦点的交互项（工作不安全感氛围×共享防御型焦点）构建模型 14（Model 14）。为了避免多重共线性的影响，在构建工作不安全感氛围与共享防御型焦点交互项时，预先将工作不安全感氛围和共享防御型焦点分别进行了标准化处理。层次回归的分析结果如表 6-22 所示，从表中可以看出，模型 14 中工作不安全感氛围与共享防御型焦点的交互项对团队阻碍性压力具有显著的正向影响（Model 14，$\beta = 0.13$，p<0.05），表明共享防御型焦点越高，工作不安全感氛围对团队阻碍性压力的正向影响越强。

表6-22　共享防御型焦点调节作用的层次回归结果

变量	Model 12				Model 13				Model 14			
	β	t	Sig.	VIF	β	t	Sig.	VIF	β	t	Sig.	VIF
控制变量												
TG	0.07	0.53	0.59	1.30	-0.02	-0.34	0.73	1.32	-0.01	-0.02	0.98	1.34
TA	-0.80	-2.93	0.01	3.55	-0.08	-0.62	0.53	4.62	-0.13	-1.18	0.24	4.85
TE	0.78	2.40	0.02	5.99	0.20	1.45	0.15	5.68	0.20	1.56	0.12	5.68
TW	0.01	0.07	0.94	2.53	-0.05	-0.65	0.51	2.54	-0.08	-0.11	0.91	2.66
TS	-0.14	-0.75	0.45	2.70	0.01	0.02	0.97	2.75	-0.09	-0.12	0.90	2.76
自变量												
JIC	0.36*	2.56	0.014	1.480	0.04**	5.66	0.00	1.68	0.26**	5.10	0.00	1.72
调节变量												
CVF					0.49**	4.43	0.00	1.64	0.34**	15.72	0.00	1.79
交互项												
JIC×CVF									0.13*	2.81	0.01	1.50
R²	0.410				0.899				0.915			
ΔR²	0.410				0.489				0.016			
F	5.096**				34.746**				36.628**			

注：因变量为团队阻碍性压力；＊＊表示 p<0.01，＊表示 p<0.05；TG（Team Gender）＝团队成员性别比例，TA（Team Age）＝团队成员平均年龄，TE（Team Education）＝团队成员平均受教育程度，TW（Team Work）＝团队成员平均工作年限，TS（Team Size）＝团队规模，JIC（Job Insecurity Climate）＝工作不安全感氛围，CVS（Collective Prevention Focus）＝共享防御型焦点。

根据 West 和 Aiken（1996）提出的 simple slope 检验，本书将高于一个标准差的共享防御型焦点作为高共享防御型焦点组、低于一个标准差的共享防御型焦点作为低共享防御型焦点组，分别绘制不同水平的共享防御型焦点下，工作不安全感氛围对共享阻碍性压力的不同影响。如图6-4所示，与共享防御型焦点较低的团队相比（simple slope=0.13，p<0.01），对于共享防御型焦点较高的团队来说，工作不安全感氛围对团队阻碍性压力的正向影响更强（simple slope=0.39， p<0.01）。因此，上述过程表明，共享防御型焦点在工作不安全感氛围对团队阻碍性压力影响过程中起调节作用，假设 19 得到支持。

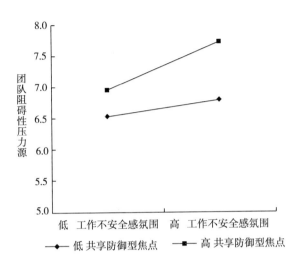

图 6-4　共享防御型焦点的调节作用

6.3.4　有中介的调节效应检验

本书的假设 18 为共享促进型焦点在工作不安全感氛围通过团队挑战性压力影响团队创新行为的中介关系中起到有调节的中介作用，为了检验这一假设，本书参照 Preacher 和 Hayes（2008）提出的有调节的中介作用检验模型，采用 SPSS 中的 Process 程序进行 Bootstrap 有调节的中介效应检验。具体来说，按照均值加减一个标准差的方式，区分了低、高两种不同程度的共享促进型焦点，分析了不同程度的共享促进型焦点下，工作不安全感氛围通过团队挑战性压力对团队创新行为的间接效应。分析结果如表 6-23 所示，结果表明，在高共享促进型焦点下，间接效应的 95% 置信区间不包括 0，即工作不安全感氛围通过团队挑战性压力影响团队创新行为的作用效果显著（效应值 r=0.34，S. E. =0.06），95% 置信区间为 ［0.136，0.272］；而在低共享促进型焦点下，间接效应的 95% 置信区间包括 0，即工作不安全感氛围通过团队挑战性压力影响团队创新行为的作用效果不显著（效应值 r=0.06，S. E. =0.04），95% 置信区间为 ［-0.021，0.109］；且高共享促进型焦点和低共享促进型焦点两种情景下的中介作用效果有显著差异（差异值 r=0.28，S. E. =0.04），95% 置信区间为 ［0.124，0.293］。因此，假设 18 得到支持。

表 6-23　共享促进型焦点有调节的中介效应检验

调节变量	分组	效应值	标准误	95%置信区间	
				上限	下限
共享促进型焦点	低共享促进型焦点	0.06	0.04	−0.021	0.109
	高共享促进型焦点	0.34	0.06	0.136	0.272
	高—低共享促进型焦点差异	0.28	0.04	0.124	0.293

本书的假设 20 为共享防御型焦点在工作不安全感氛围通过团队阻碍性压力影响团队创新行为的中介关系中起到有调节的中介作用，为了检验这一假设，本书参照 Preacher 和 Hayes（2008）提出的有调节的中介作用检验模型，采用 SPSS 中的 Process 程序进行 Bootstrap 有调节的中介效应检验。具体来说，按照均值加减一个标准差的方式，区分了低、高两种不同程度的共享防御型焦点，分析了不同程度的共享防御型焦点下，工作不安全感氛围通过团队阻碍性压力对团队创新行为的间接效应。分析结果如表 6-24 所示，结果表明，在高共享防御型焦点下，间接效应的95%置信区间不包括 0，即工作不安全感氛围通过团队阻碍性压力影响团队创新行为的作用效果显著（效应值 $r = -0.18$，S. E. $= 0.04$），95%置信区间为 [−0.218，−0.032]；而在低共享防御型焦点下，间接效应的95%置信区间包括 0，即工作不安全感氛围通过团队阻碍性压力影响团队创新行为的作用效果不显著（效应值 $r = -0.03$，S. E. $= 0.03$），95%置信区间为 [−0.063，0.023]；且高共享防御型焦点和低共享防御型焦点两种情景下的中介作用效果有显著差异（差异值 $r = -0.15$，S. E. $= 0.02$），95%置信区间为 [−0.194，−0.032]。因此，假设 20 得到支持。

表 6-24　共享防御型焦点有调节的中介效应检验

调节变量	分组	效应值	标准误	95%置信区间	
				上限	下限
共享防御型焦点	低共享防御型焦点	−0.03	0.03	−0.063	0.023
	高共享防御型焦点	−0.18	0.04	−0.218	−0.032
	高—低共享防御型焦点差异	−0.15	0.02	−0.194	−0.032

6.4 实证结果讨论与分析

本章对工作不安全感氛围对团队创新行为权变作用模型进行了实证检验，通过上述分析，假设检验结果汇总如表6-25所示。

表6-25 团队层面工作不安全感氛围权变作用机制假设检验结果汇总

序号	假设	是否支持
H11	工作不安全感氛围对团队挑战性压力具有正向影响作用	是
H12	工作不安全感氛围对团队阻碍性压力具有正向影响作用	是
H13	团队挑战性压力对团队创新行为具有正向影响作用	是
H14	团队阻碍性压力对团队创新行为具有负向影响作用	是
H15	团队挑战性压力在工作不安全感氛围与团队创新行为关系中起中介作用	是
H16	团队阻碍性压力在工作不安全感氛围与团队创新行为关系中起中介作用	是
H17	共享促进型焦点在工作不安全感氛围影响团队挑战性压力中起调节作用，即当共享促进型焦点高时，工作不安全感氛围对团队挑战性压力的正向影响更强	是
H18	共享促进型焦点调节工作不安全感氛围通过团队挑战性压力作用到团队创新行为的中介作用，即当共享促进型焦点较高时，工作不安全感氛围通过团队挑战性压力影响团队创新行为的中介作用更强	是
H19	共享防御型焦点在工作不安全感氛围影响团队阻碍性压力关系中起调节作用，即当共享防御型焦点高时，工作不安全感氛围对团队阻碍性压力的正向影响更强	是
H20	共享防御型焦点调节工作不安全感氛围通过团队阻碍性压力作用到团队创新行为的中介作用，即当共享防御型焦点较高时，工作不安全感氛围通过团队阻碍性压力影响团队创新行为的中介作用更强	是

与个体层面工作不安全感作用效果一致，本章实证了工作不安全感氛围对团队创新行为也会产生权变作用效果。与Låstad等（2015）、Tomas等（2017）研究一致，本书也发现工作不安全感氛围会产生消极影响。虽然目前关于工作不安全感氛围积极作用的研究还较为缺乏，但是类比个体工作不安全感的研究可以发现，工作不安全感氛围也可能产生类似的作用，同时，工作不安全感氛围在团队层面的作用机制尚不清楚。目前，关于工作不安全感氛围作用效果的研究多是作

用到个体层面，比如个体的满意度（Sora et al.，2009）、工作家庭冲突（Låstad et al.，2015）、反生产行为（Tomas et al.，2017）等，少有关于工作不安全感氛围与团队有效性的相关研究。本书认为，从团队层面厘清工作不安全感氛围对团队创新行为作用效果和作用机制的重要的环节是识别团队的认知评估机制和团队自我调节能力。本书通过将压力交互理论和团队调节焦点理论拓展至团队层面，对工作不安全感氛围对团队创新行为产生影响的作用机制进行了有益的探讨，从而丰富了工作不安全感氛围在团队层面作用效用的研究。

集体和团队通常被认为具有创新行为的特殊潜力，因此他们在组织竞争中往往处于独特的地位。许多研究探讨了促进或阻碍团队创新的因素（Hülsheger，2009），但是很少有人注意到团队认知评估过程这个因素。团队成员在一个竞争激烈、要求苛刻的环境中工作，可支配的资源有限，因此他们需要规范自己的集体努力，以便有效、创新地执行任务。在高度竞争和复杂的商业环境中，影响团队成员集体认知的过程被认为是组织团队的核心竞争力（Rietzschel，2011）。因此，本书将 Lazarus 和 Folkman（1984）的压力交互理论拓展应用于团队层面，将团队对未来情景收益/损失、团队对自身应对能力的集体评估过程作为一种关键的认知状态，并据此分析了这两种不同的认知评估分别对工作不安全感氛围和团队创新行为产生不同的影响。本书研究发现，集体挑战性压力的认知为团队成员创造了一个共同感知和共同努力的现实（Levine et al.，2000），具有挑战性压力认知的团队会为了最终收益的获得和竞争力产生以问题解决为导向的应对策略，进而促进了团队成员之间的合作、同步和信任过程。因为这类团队将创造性绩效表现视为其战略优势（Amabile，1997），因此具有挑战性目标的团队可能会在产生创造性产出方面付出更多的努力，而不仅仅是执行常规任务。而当团队成员将工作不安全感氛围视为实现目标的障碍时，团队则会产生回避式应对策略，也就是说，阻碍性压力认知可能会阻碍团队成员的创造性表现，特别是，如果工作不安全感氛围引起了团队成员之间凝聚力的降低，那么他们可能更不愿意调动集体努力来完成创造性的任务。

另一个理解工作不安全感氛围如何影响团队创新行为的重要机制是团队的自我调节能力。Rietzschel（2011）首次尝试测量和检验了工作团队中的集体调节焦点。与 Rietzschel（2011）的研究结果一致，本书也验证了集体调节焦点作为团队层面的结构。此外，这两个集体调节焦点对团队创新行为的贡献也存在差异，我们的研究结果表明，团队促进型焦点和团队防御型焦点在工作团队中会表现出不同的状态。这些结果与个体层面的研究结果一致，即促进型焦点和防御型焦点会导致不同的行为结果（Liu et al.，2020；Johnson et al.，2011；Neubert et al.，2008），本书强调了促进型焦点和防御型焦点作为具有不同结果影响的集体属性的价值。

6.5　本章小结

　　本章主要是对第三章提出的工作不安全感氛围对团队创新行为的权变作用效应模型进行实证检验。首先，本章同样选取河南省 12 家高新技术企业为调查对象，经过一个月的领导—员工配对调查过程，共收集到 60 个团队 414 名员工的配对调查问卷。其次，将工作不安全感氛围、共享促进型焦点、共享防御型焦点、团队挑战性压力、团队阻碍性压力等个体层面的变量聚合到团队层面，并通过 r_{wg}、ICC（1）、ICC（2）等指标对数据的聚合效果进行检验。再次，采用 Cronbach's α、探索性因子分析、验证性因子分析等方法对选取的主要变量测量量表的信度和效度进行检验，各测量量表均表现出较好的信效度和适用性。最后，采用层次回归分析、结构方程模型、Bootstrap 等方法对所提出的 10 个研究假设进行逐个检验，最终本章研究假设全部得到支持。

7 管理启示与实践建议

企业管理的重要目标之一就是为组织成员营造一个积极的工作环境，以激发其持续不断的创造力，实现企业绩效的提高和长久发展。随着市场竞争的加剧和组织灵活度的提高，工作不安全感成为现代职场中普遍存在的心理现象，对个体的心理、状态、行为以及家庭和团队的产出、有效性等产生重要的影响，有效管理工作不安全感成为企业管理的重要内容。对于企业的管理实践而言，管理者着重关注的问题在于工作不安全感包括哪些内容、对员工或团队的创新表现有何影响以及如何解决等。本书针对"工作不安全感对个体和团队创新行为的权变作用机制"这一主题，通过三项研究进行了回答，本书对管理者合理管理工作不安全感以激发个体和团队创造力从而促进企业创新具有重要启发意义。

7.1 合理管理工作场所中的不安全感

在当今的组织环境中，工作不安全感可能已经无法完全避免，"居安思危"成为组织和员工的工作常态。本书研究表明，工作不安全感可以成为一种动力，进而激发组织的创新能力。因此，根据本书对工作不安全感结构维度的研究，组织可以从工作丧失不安全感、薪酬不安全感、职业发展不安全感、工作特征不安全感四个方面入手，设置以动力为导向的工作不安全感激励机制，促使工作不安全感积极效用的发挥。同时，组织在适度营造不安全感时也要通过主动向员工传递信息、增强员工和组织的联结等方式避免工作不安全感带来的消极影响，并且及时衡量个体和团队中的工作不安全感水平，做到及时发现、及时干预。

7.1.1 设置以动力为导向的工作不安全感激励机制

（1）将短期雇佣模式打造成相互投资型的雇佣关系。为了提高组织的灵活性和应对能力，组织不得不实施多样化的雇佣模式，这使组织无法为所有员工提供长期稳定和固定的劳动关系。为了避免短期雇佣模式给员工带来的工作积极性低、归属感弱等不安全的心理状态，组织应转变管理理念，将短期合同制打造成"高诱因高期望"的相互投资型雇佣关系，以物质报酬（薪酬、福利等）和发展性报酬（发展机会、授权、更稳定的劳动关系等）等诱因来吸引和激励员工的工作动力，对于达到组织期望（角色内期望或角色外期望）的员工给予相应的奖励。也就是说，组织应转变以往对短期工、临时工或合同工"局外人""圈外人"的认识，将其也纳入组织关注和投资的群体范围，将短期雇佣模式打造成促使人才摆脱身份、突围入圈的激励模式。

（2）调整薪酬结构，采用多元化的绩效奖励方式。组织中薪酬水平的高低直接影响着员工的心理变化，良好的薪酬福利体系不仅能够帮助组织吸引和留住人才，更能成为激发员工努力工作的持久动力。为了避免出现"养老""吃大锅饭""吃基本工资"等现象，充分激发组织成员的工作积极性，组织可以针对不同的岗位工作特征、工作量、工作难易程度等，调整薪酬结构和绩效奖励所占比例，设置更加多元化的绩效奖励评价机制，确保薪酬分配的合理性和公平性，设置更多层级的绩效奖励等级；将个人工作任务完成程度与团队绩效奖励挂钩，充分调动每个团队成员的主人翁意识。通过调整薪酬结构，采用多元化的绩效奖励方式，不仅能够不断激发员工的工作积极性和创造力，而且能够避免员工由于单一绩效考核方式或考核目标无法达到而带来的焦虑感和无助感。

（3）打通职业发展通道，实现职位可上可下、可进可退。职业通道是员工实现职业理想和达到职业生涯目标的主要途径和渠道，合理的职业发展路径是满足个体发展需求、激发创新能力的重要保障。管理者应打通组织内部的职业发展通道，为无业绩、无贡献的员工打开"下"的路径，踢出管理队伍或高级职位；为肯干事、能干事的员工畅通"上"的渠道，盘活人力资源，形成"以竞促进"的岗位竞争机制，激发员工潜能，极大地调动员工的工作主动性和积极性。通过打通职业发展通道，实现职位可上可下、可进可退，不仅能够形成良性的竞争环境，还能有效减少员工对未来无法获得职位晋升、实现个人发展的担忧和疑虑。

（4）设置挑战性工作任务，确保及时反馈奖励机制落实。对于现代企业员工来说，尤其是伴随着物质条件极大丰富时代成长起来的新生代员工步入职场，在工作中获得成长感、工作意义感和认可感是他们努力工作的重要动力。组织应该提高对卓越人才和优秀团队的重视，适当提高有能力员工和团队的工作量和工作难度，制作工作安排一览表，设置时间完成节点提高任务紧迫感，从而激发他们的工作激情和挑战欲望。同时，组织也应及时向员工兑现达成任务目标奖励的承诺，增强工作成就感，避免奖励政策落实时的"朝令夕改""层层加码"，从而挫败员工的工作积极性。通过设置挑战性工作任务，确保及时反馈奖励机制落实，不仅能够激发员工的工作动力，还能够避免员工由于失去挑战性工作环境无法获得心理上的成就、满足而产生自己能力无处施展的失落感和无力感。

7.1.2　避免工作不安全感的消极影响

尽管一定程度的工作不安全感有助于组织员工的创新发展，但是过度不确定性产生的压力也会影响激励机制效用的发挥。因此，组织在适度营造不安全感时也要主动向员工传递信息，帮助组织成员了解组织面临的机遇和挑战。同时，根据本书所构建的人际关系不安全感维度，本书还建议组织应给予员工更多的关爱和支持，增强组织和成员之间的联结，营造良好的人际氛围，促使员工从内心接受和认同企业文化理念，从而降低对工作不确定性的感知和担忧。

（1）组织应采取多种方式及时向员工提供内外部环境相关信息，并主动扮演信息发布者角色。由于外部市场环境的激烈竞争，特别是对于处于转型期或变革期的组织来说，企业的未来发展充满了不确定性和未知性。首先，组织应及时向员工提供组织所面临的内外部环境和政策等相关信息。这不仅能够帮助组织成员加强对工作情境的理解，了解组织面临的机遇和挑战，更有助于员工理解工作不安全感产生的原因和意义。组织采用灵活多样的雇佣制度（比如短期合同、派遣制）和不断进行变革是为了确保能够在外部市场竞争中处于不败之地、更好地适应瞬息万变的经济环境。其次，采用多样的组织信息提供方式。组织信息提供方式包括自上而下的组织沟通和自下而上的组织参与，这两种信息传递方式都能够有效帮助组织个体和团队成员及时了解组织所面临的内外部环境的变化，也能够帮助成员基于已有信息和自身能力资源对工作现状和未来工作的可持续性预先做出准确的评估和判断。最后，组织要主动扮演信息发布者角色，确保信息的真实性、可靠性，避免组织成员因为信息收集不足或从其他非正规渠道接收错误信息造成的不安和焦虑情绪。而且组织主动与员工分享信息这一举措能够向员工传递出组织运转良好的信号，大大减轻员工对未来工作不确定性和可能失去工作的威胁感、焦虑感。

（2）加强员工和组织的联结，营造良好的团队工作氛围和人际环境。随着互联网技术和共享经济的发展，个体的工作模式（如平台合作、远程办公等）和企业的用工模式（如劳务派遣、外包等）越来越多样化，使个体和组织之间的联结变得越来越松散。这种松散的联结不仅使员工对组织的依恋程度和归属感大大降低，也在一定程度上增加了员工对自身能力价值的质疑和对未来工作持续性的担忧。因此，可通过仪式文化建设、增强领导支持、加强成员间沟通交流机会等方式增强员工与组织和团队的联结程度，从而降低对工作不安全感的感知。首先，加强仪式活动建设，融入企业文化。组织可以将仪式建设融入企业文化中，横向将仪式建设渗透到组织日常运转的各个环节中，如开工动员、庆典日、表彰仪式等，纵向将仪式活动下沉到各层级部门，如公司层面的年度表彰仪式、部门层面的每个员工的入职周年庆、团队层面的阶段任务达成庆功等，促使每个层级的员工都参与进来，赋予员工更多的工作意义感，增强员工对组织的依恋感，引发员工与企业的共鸣。其次，增强团队领导对成员的支持。领导应避免采用命令式、指派式、控制式等工作方式，而应采用谦卑、开放的姿态对待下属；畅通上下级之间的沟通渠道，打破上下级之间的距离感，让员工在组织中能够畅所欲言，真实表达自己的需求、追求和担忧；除此之外，领导还应主动了解下属在工作或生活中遇到的问题或困难，并提供及时的帮助和人文关怀。最后，提供更多组织成员相互交流的机会。组织可以定期举办知识技能比赛、特长风采大赛、趣味运动会等，不仅能够督促员工自主学习，还能给员工提供展示自我、结交朋友的平台；营造良好的合作氛围、沟通氛围，促使员工之间形成良好的职场友谊，让员工体验到更强烈的社会需求和组织归属感，降低员工对工作不确定性的感知和担忧。

7.1.3　及时衡量工作场所中个体和团队的工作不安全感水平

本书研究中发现的工作不安全感对员工创新行为的影响表明，管理者应该重视工作场所中的工作不安全感现象。一方面，当今组织面临着越来越大的变革压力，为了使组织能够满足外部对灵活性的需求，将具有永久合同的核心员工与数量上或功能上更灵活的外派员工结合起来成为常见的人力资源雇佣策略。这些变革不可避免地在工作场所中扩散了一种对未来的不确定感，影响着每一个在工作中的个体和团队。另一方面，组织的发展又必须越来越依赖员工和团队的创造性。而目前研究发现，有了工作不安全感的个体容易产生离职意愿、创造力低下，在有较强工作不安全感氛围的集体中也容易导致创新效率不高。因此，工作不安全感的管理是组织面临的一个重大挑战，组织管理者需要提高对这一现象的认识。管理者可以通过调查或反馈系统来衡量员工和团队的工作不安全感水平。例如，通过在心理社会工作环境问卷中纳入个人工作不安全感和工作不安全氛围的测量来监测组织中员工的心理状态和社会氛围，使组织能够在工作不安全感成为主要组织问题之前就进行干预。

个体工作不安全感的测量研究已经较为广泛，而团队工作不安全感水平，尤其是中国职场中工作不安全感氛围的测量研究还较为缺乏。本书所开发的工作不安全感氛围测量量表使管理者在中国企业中测度团队工作不安全感的水平成为可能。本书的验证性因素分析的结果进一步表明，与个人工作不安全感类似，工作不安全感氛围可以用数量（担心失去工作）和质量（担心失去有价值的工作特征）两个维度来表示。员工不仅认为他们的同事担心可能失去工作本身，他们还担心工作的质量——薪酬水平、人际关系、职业发展及其他有价值的工作特征。因此，管理者可以根据本书开发的工作不安全感氛围问卷及时发现团队中存在的不安全感水平，具体分析产生工作不安全感的因素有哪些，及时调整工作内容，最大限度降低企业效益损失和人员流失成本。

7.2　提高挑战性压力应对能力并及时疏导阻碍性压力

本书研究结果发现，个体和团队层面的工作不安全感都会通过挑战性压力对创新行为产生积极影响，通过阻碍性压力反而对创新行为产生消极影响。也就是说，工作不安全感不一定对创新行为有害，管理者可以采取控制挑战性压力和阻碍性压力的合理范围、增强个体和团队应对挑战性压力的能力和信念、遵循职业成长发展规律并及时疏导阻碍性压力等措施，通过对挑战性压力的塑造和阻碍性压力的疏导，尽可能将工作不安全感转化为创造力的驱动力，增强工作不安全感产生的积极影响，降低工作不安全感产生的消极影响，为创新行为的产生营造良好的工作环境。

7.2.1　合理控制挑战性压力和阻碍性压力的范围

合理控制个体挑战性压力和阻碍性压力的范围。为了使工作不安全感在创新行为提升方面发挥出积极的效能，管理者在对个体分配挑战性压力和阻碍性压力时要做到区别对待,将两者控制在合理的范围内。首先,管理者给员工分配科学、合理、适当的工作量和工作任务,从而帮助员工将挑战性压力控制在合理感的范围内。其次,管理者应该给予员工更多的帮助、支持和指导,比如鼓励员工在完成职责任务之后调休、培养员工掌握合理安排任务的方法等,促使员工能够更好地应对挑战性压力。最后,组织可以设置轮岗机制、外派任务等有效管理和减少阻碍性压力。

合理控制团队挑战性压力和阻碍性压力的范围。工作不安全感不仅仅是一种个体感知,还可能形成一种群体氛围。本书研究发现,与个体层面工作不安全感一致,工作不安全感氛围对团队创新行为也具有不同的影响,通过团队挑战性压力对团队创新行为产生积极影响,而通过团队阻碍性压力对团队创新行为产生消极影响。因此,管理者应当针对不同的团队工作压力采取差异化的管理方式。管理者要积极为团队创造挑战性压力,比如提高工作的复杂性、增强时间的紧迫性、扩大工作职责和范围等,提高团队的工作激情和动力;还可以为团队营造宽松的创新氛围,增加容错空间,允许团队探索和尝试解决问题的新方法,鼓励团队产生提高工作流程和效率的新思路,积极采纳对组织和团队有价值的想法和意见,大大提高团队的创造力。同时,还要避免团队阻碍性压力的产生,比如精简审批制度、优化管理流程、避免行政琐事等,减少团队的内部消耗和倦怠。

7.2.2　增强应对挑战性压力的能力和信念

增强个体和团队的压力应对能力。对于个体来说,树立主动学习、终身学习的理念。随着无边界职业生涯的兴起以及科学技术的日新月异,主动学习、终身学习的意识能够帮助个体了解更多的外界信息、掌握更多领域的知识,横向扩充更多领域的知识,纵向深挖研究知识的应用,不断提升自我独立分析问题、解决问题的能力,这也是应对不确定时代、在挑战性压力中获得成长的关键。对于组织来说,组织可以利用培训、日常学习、内部交流会等机会为员工和团队提供更多学习沟通的机会,帮助团队成员了解和掌握外部事物发展变化的规律,提升对任务要求的解决能力、处理能力。组织还应帮助员工建立完善的社会支持系统,包括家庭、同事、领导、专业医师等多个方面,为员工提供情感支持、资源性支持、信息支持、咨询支持。组织应鼓励员工在遇到难题时及时寻求多方社会支持,如心情低落时能够向家人及时寻求情感支持,遇到棘手的任务和问题时能够向同事、领导寻求资源性和信息性支持,遇到无法改变的困难,心理压力过重时及时向专业医师寻求支持。

鼓励个体和团队以积极的心态迎接挑战。重视信念的力量，增强个体和团队应对问题的信念，将压力转化为具有挑战性的动力。对于个体来说，要提高应对压力的自我效能感。自我效能感反映的是个体应对外界挑战的内在信念，是在不确定的环境中克服畏难情绪、战胜困难、坚决迎难而上的信心。在当前 VUCA（易变性、不确定性、复杂性、模糊性）时代，不确定性、未知性已经成为常态，不安全感也成为工作任务中最突出的特征。自我效能感高的个体更会以积极、坦然的心态面对挑战、接受挑战。对于团队来说，注重提高团队韧性。团队韧性指的是团队在失败、逆境、挫折等具有威胁的不利情境中恢复的能力，与团队在危机中恢复与适应、持续获得竞争优势密切相关。韧性高的团队拥有前瞻性的问题把控能力、成熟的应对机制、逆境后的修复能力，这样的团队更不惧挑战，更容易形成奋斗意识，也将更有信心应对和解决外界各种不确定性。

7.2.3 遵循职业成长发展规律并及时疏导阻碍性压力

遵循个体职业成长发展规律，循序渐进增加工作任务和难度。组织在安排任务时，应遵循个体职业成长发展规律，合理控制任务的难易程度，循序渐进地增加工作强度，避免"好心办坏事"，导致个体由于压力过大而将原本激励性、挑战性的压力转变为负担性、阻碍性的压力，尤其对于刚入职场的新人来说更为重要。职场中普遍存在"年轻人需要多锻炼"的建议，但对于初入职场的员工来说，在安排任务时应充分考虑其实际情况，如对组织目标的了解程度、对任务的熟悉程度、对各方资源的应用和调配能力等，避免揠苗助长。过高或无法达成的工作期望反而会挫败员工的工作积极性和成就感，使积极的动力反而转化为消极的阻力，导致员工产生畏惧、不安、自我能力怀疑等情绪。

及时疏导阻碍性压力。当阻碍性压力不可避免地产生时，个体、组织和管理者需要共同努力，采取多种措施及时疏导，避免阻碍性压力对创造力的消极抑制作用的产生。对于个人来说，要做好时间规划和管理，合理安排工作任务进度，避免身体过于劳累和情绪过度耗竭；适当参加休闲活动，如运动、旅行、健身、观看表演活动等，做到劳逸结合，帮助恢复工作精力；当心理压力大时，及时寻求心理疏导，向家人、同事、领导求助或倾诉，参加正念训练等，降低心理压力带来的负面影响。对于组织来说，加强企业文化的内部影响，营造容错试错、接纳失败的和谐工作氛围，鼓励员工勇于尝试，降低心理压力和负担。对于管理者来说，管理者不仅要指导下属的工作和任务，还要及时了解员工的工作状态，及时发现并疏导员工的阻碍性压力感知，增强员工对上级支持的感知，从而增强其挑战性压力感知；而且创新本身具有一定的风险性、复杂性和不确定性，管理者要引导员工正确看待创新的意义，对表现出较强创造力的员工予以表扬和相应的物质、精神等奖励，对于创新能力表现较差的员工也应该多予以鼓励和引导，而不是批评和苛责，因为批评和指责只会让员工更惧怕创新。

7.3 针对不同调节焦点的员工和团队采取不同的管理方式

本书研究发现，工作不安全感对创新行为的不同作用效果还受到调节焦点的影响。促进型焦点的员工和团队更容易将工作不安全感看作挑战性压力，更容易产生创新行为；而防御型焦点的员工和团队更倾向于将工作不安全感看作阻碍性压力，更不愿意表现出创造力。为了提高创新水平，针对不同调节焦点的员工和团队应该采取不同的管理方式。调节焦点按照形成方式的不同分为长期型和情境型：前者是在成长过程中逐渐形成的一种长期人格特质，具有一定的稳定性；而后者是受工作状态、情境环境等影响的短期激励取向，具有一定的可塑性。因此，根据调节焦点的两种形成方式，本书从人力资源管理的四个环节——选拔、培训、日常管理、绩效考核提出如下建议。

7.3.1 挑选具有长期型促进型调节焦点的个体和团队

在选拔阶段，挑选具有长期型促进型调节焦点的个体。在企业的人力资源管理实践中，人员配置的重要原则就是做到人岗匹配，也就是根据岗位的要求配置合适的人选。在这里，本书所强调的人岗匹配并非以往所强调的知识和技能与岗位需要的匹配，而是更侧重于人格特质与岗位工作性质的匹配性。因为本书研究发现，具有促进型调节焦点导向的个体更容易将工作不安全感看作挑战性压力，进而表现出更多的创造力，表明个人的调节特质是创新行为的重要影响因素。因此，在人力资源的招聘与选拔环节，在做好岗位需求分析、有效识别岗位的工作性质的基础上，还要更多地考虑员工自身的特质，加入个人特质测试，对应聘者的动机取向进行考察，进而不仅选拔出符合岗位要求的具备相应知识、技能和能力的员工，更要挑选出具备创新潜质的员工。而且，在岗位安排上也要因地制宜地发挥员工所长，将更具有长期型促进型调节焦点特质的员工安排在强调创新与创造力的岗位上。

另外，本书还发现，具有共享型促进型调节焦点的团队也更容易将工作不安全感氛围看作动力，从而产生很多的团队创新行为。因此，管理者还可以将识别出的具有促进型调节特质的员工组建成一个团队，因为这样的团队更容易表现出共享促进型焦点的导向。值得注意的是，这不是说防御型焦点的员工不应该被企业挑选，而是在强调人岗匹配，识别出的具有长期型防御型调节焦点特征的员工应该被更多地安排在强调安全、稳定、精准的岗位上，这样可以实现员工能力特质与岗位需求更好的匹配，最大限度地发挥出两者的优势和能力。

7.3.2 有针对性地培养员工的情境型促进型调节意识

在内部培训时，有针对性地培养员工的促进型调节意识。首先，鼓励员工树立目标追求。管理者在内部培训时可以通过对企业战略、愿景目标的讲述，引导员工树立起"我要进步"的职业发展意识，主动的发展意识是员工持续成长的不竭动力。管理者帮助员工正确认识和评估自我，了解自身的优势和存在的不足，帮助员工找到正确的发展方向，进而激发促进型调节焦点的产生。其次，引导员工培养自主学习的能力。社会的快速发展与更替使知识的更新换代频率越来越高，未来职业的稳定性越来越低，取而代之的是不确定性的增加，自主学习能力较强的员工在适应不断变化的环境中过程具有更强的适应力和优势。管理者在内部培训时，不仅要引导员工培养起自主学习的意识，还要为员工提供能够自我学习和进步的资源和渠道，比如学习资源分享、更多的自我空间等，增强员工在不确定性环境中的整体适应力。最后，提高员工的知识和能力水平。管理者可以利用培训机会有针对性地对员工进行培训，提高其知识、技能水平，使员工有能力应对和完成工作任务，这样他们就能够在压力面前保持积极的工作态度，提高对工作的自信心，更容易激发出促进型焦点。

7.3.3 注重激发员工的情境型促进型焦点

在日常管理中，注重激发员工的情境型促进型焦点。一方面，搭建员工之间合作交流的平台，提供创新资源。员工作为团队、组织中的一员，其成长发展不仅会受到组织规章制度、团队管理规范等外界环境的引导和约束，也会受到周围其他人行为方式的影响。管理者可以搭建员工之间合作交流的平台，比如定期组织经验交流研讨会，增强员工之间的合作交流，鼓励员工和团队之间不断地沟通和分享；组织还可以为员工提供充足的创新所需的资源，比如组织内部知识交流的机会、外部培训的机会、专家讲座论坛等，为员工提供轻松舒适的工作环境和创新氛围，进而激发员工促进型调节焦点的产生。这样不仅可以维持团队内部成员之间良好的合作关系以及促进团队外部形成良性的竞争氛围，还可以促使员工在不断地交流互动过程中碰撞出新的想法和思维，产生更多的创新成果。

另一方面，关注员工所处的发展阶段，了解员工在不同阶段的发展需求。根据职业生涯发展阶段理论，个体的职业生涯分为上升期和稳定期，在不同的发展阶段会产生不同的发展目标。管理者要主动了解员工的工作状态，掌握其职业发展的目标和需求，并针对性地采取不同的管理方式。比如，对于职业上升期的员工，他们处于个人理想目标与自我价值实现的重要阶段，他们渴望通过自己的努力在未来职场中能够获得更大的发展空间。因此，对于这一阶段的员工应该多采用目标激励和任务激励的方式，比如愿景描绘、领导关注、关键任务分配、重要角色承担等，尽可能地激发出其情境性的促进型调节导向。对于处于职业稳定期的员工，他们一般拥有丰厚的物质基础，可能逐渐失去对职业的激情和兴奋感，容易对工作产生倦怠感，对于这一阶段的员工，管理者应该采用成就激励和精神激励的方式，可以更多地向其强调个人对于组织的贡献，比如工作绩效的完成度、企业实力的逐渐壮大、企业声誉的不断提高，保持其工作的初心，增强其职业自豪感、获得感和满足感以及对组织的忠诚度，尽可能避免和降低促进型调节导向的失去。

7.3.4　采取不同的绩效考核和评价方式

在绩效考核时，针对不同调节焦点的员工和团队采取不同的考核和评价方式。不同调节焦点的员工会表现出不同的发展行为，也会在团队内部相互影响。因此，对于具有不同发展目标的员工和团队，应实施多元化的绩效考核方式，从而促使团队和个人最大化创新绩效的产出。一方面，对于希望获得晋升和成长的员工和团队实施以评价为导向的考核方式，如可以为他们设置较高的考核目标和压力、建立科学合理的职业晋升通道、明确制定不同阶段的发展目标和规划等，让其感受到组织对个人和团队职业发展的重视，更大限度地激发员工促进型调节焦点和团队的潜能。另一方面，对于表现出防御型调节焦点的个体和团队，根据他们的能力合理制定考核任务，在考核时尽量减少其对可能完成不了任务的担忧，因为他们可能会把这种压力视为阻力，从而阻碍创新想法的出现，比如可以通过额外的关注、合理的任务分配以及完成任务过程中提供更多的帮助等措施减少其工作不安全感的产生。

7.4　本章小结

结合前文的理论分析和实证研究，本书尝试从三个方面提出了管理实践建议，即合理管理工作场所中的不安全感、提高挑战性压力应对能力并及时疏导阻碍性压力、针对不同调节焦点的员工和团队采取不同的管理方式，为组织管理工作不安全感、提高个体和团队创新能力提供了一定的指导和借鉴意义。

8 总结与展望

8.1 主要研究结论

伴随着不确定的经济环境和日益激烈的全球竞争,许多组织将员工和团队的创造力视为创新和财务绩效的关键。为了保持持续的竞争优势和适应经济环境的快速变化,企业不得不推出了各种各样的变革政策。裁员、重组、并购等重大变革手段的实施,以及合同工、临时工、派遣工等多种用工制度的出现给工作的稳定性和持续性带来了极大的挑战,"铁饭碗"的时代早已不复存在。当中国致力于成为一个具有竞争力和创新精神的国家时,中国企业的员工也有相应的工作不安全感。而在现实企业情境中,这种工作不安全感产生了不同的结果,一部分人在感受到压力后萎靡不振,消极怠工;而另一部分人则选择迎难而上,斗志昂扬。工作不安全感对创新行为究竟会产生抑制还是促进的作用?学术界关于这个问题并没有达成一致的意见。同时,随着团队工作模式在企业中日益重要,工作不安全感在集体层面的表现,即工作不安全感氛围的研究也越来越受到重视。国外近几年开始探索工作不安全感氛围的内涵、测量和作用效果,而国内对其研究较为少见。工作不安全感氛围在中国情境下如何测量?工作不安全感氛围是否与个体层面的工作不安全感一样,会对团队创新行为产生不同的作用效果?本书通过引入压力交互理论和调节焦点理论,以及 ERG 理论和参照物转移共识模型,通过三项子研究尝试回答了上述三个问题,主要得出以下研究结论:

（1）中国情境下工作不安全感氛围包括五个维度。

本书构建了中国情境下工作不安全感氛围五维度结构，并开发了 20 个题项的测量量表。首先，根据 Greenhalgh 和 Rosenblatt（1984）对工作不安全感的分类，本书提出工作不安全感氛围也包括数量工作不安全感氛围和质量工作不安全感氛围两个方面；其次，根据 ERG 理论的生存需要、相互关系需要、成长发展需要三个层次，将这两个方面进行了进一步的划分，其中数量工作不安全感氛围包括工作丧失不安全感氛围，质量工作不安全感氛围包括薪酬不安全感氛围、人际关系不安全感氛围、职业发展不安全感氛围、工作特征不安全感氛围四个方面；最后，依据 Churchill（1979）的量表开发流程和 Chan（1998）的参照物转移模型，通过初始量表形成、小范围预试和大样本调查等过程，开发了包括 20 个题项的工作不安全感氛围测量量表，其中工作丧失不安全感氛围包括 6 个题项，薪酬不安全感氛围包括 3 个题项，人际关系不安全感氛围包括 3 个题项，职业发展不安全感氛围包括 4 个题项，工作特征不安全感氛围包括 4 个题项。

一方面，本书所构建的工作不安全感氛围结构是基于一定的理论基础。以往关于工作不安全感中重要工作特征包括哪些方面的研究，多数研究者是基于对员工的访谈及现有文献资料的整理得到的，并没有基于特定的理论基础进行分析，这不仅使学者们对工作不安全感的结构维度没有形成统一的意见，还使工作不安全感的维度之间存在相互重叠、交叉的部分。ERG 理论从动机的角度对不同类型的需求进行了区分，而本书认为工作不安全感的出现正是由于个体或群体的内在需求在未来可能会达不到预期或即将失去而产生的担忧和恐惧。因此，本书根据 ERG 理论所构建的工作不安全感氛围结构不仅能够反映工作场所中有价值的工作特征，还能够很好地将各维度进行区分。

另一方面，本书根据参照物转移共识模型所开发的工作不安全感氛围测量量表能够很好地捕捉到工作场所中是否真的存在不安全感氛围。以往关于工作不安全感氛围的研究主要是将其看作个体对自身工作不安全感的总体感知，这种做法确实可以在统计学上证明个人对工作不安全感的看法是一致的。但这种认识存在的问题是，这种方法是否真的能够捕捉到员工对工作不安全感共同氛围的认知，或者仅仅表明在被研究的组织中许多人经历了工作不安全感。本书的一个主要观点是，对自身工作不安全感的感知和对工作中存在的工作不安全感氛围的感知是有区别的。因此，个人层面的这种差异也适用于将相同的认知聚合到群体层面，形成参照物转移模型中的组织集体工作不安全感氛围（Organizational Collective

Job Insecurity Climate），这种测量思路的转变能够很好地捕捉到工作场所中是否真的存在不安全感氛围。

（2）工作不安全感对个体创新行为具有权变作用效应。

本书根据压力交互理论和调节焦点理论，构建了以挑战性压力和阻碍性压力为中介变量、促进型焦点和防御型焦点为调节变量的工作不安全感对个体创新行为的权变作用理论模型，从理论的角度分析了个体会由于认知评估过程和自我调节系统的不同而对工作不安全感产生不同的认知和行为方式。进一步地，本书选取了河南省 12 家高新技术企业 60 个团队 414 份领导和员工的配对调查问卷进行了实证检验。理论模型和实证分析结果都表明工作不安全感对个体创新行为具有权变作用效应。本书通过构建工作不安全感影响个体创新行为的被调节的中介作用模型，丰富了工作不安全感、创新行为的相关研究。

一方面，本书发现工作不安全感对个体的创新行为具有促进的作用。工作不安全感对挑战性压力具有显著正向影响，挑战性压力对个体创新行为具有显著正向影响，挑战性压力在工作不安全感影响创新行为过程中起中介作用，也就是说，工作不安全感会通过挑战性压力的认知对个体的创新行为产生积极的影响。本书还发现，这种积极的影响还会受到个体调节焦点的影响，即促进型焦点在工作不安全感和挑战性压力之间发挥调节作用。当个体的促进型焦点较高时，工作不安全感与挑战性压力的正向影更显著。本书还证实了促进型焦点具有被调节的中介作用：促进型调节焦点能够强化挑战性压力在工作不安全感与员工创新行为之间的中介作用。因此，工作不安全感会通过挑战性压力的认知和促进型焦点的调节导向对个体创新行为产生积极影响。

另一方面，本书发现工作不安全感对个体的创新行为具有抑制的作用。工作不安全感对阻碍性压力具有显著正向影响，而阻碍性压力对个体创新行为具有显著负向影响，阻碍性压力在工作不安全感影响个体创新行为过程中起中介作用，也就是说，工作不安全感会通过阻碍性压力的认知对个体的创新行为产生消极的影响。本书还发现，这种消极的影响还会受到个体调节焦点的影响，即防御型焦点在工作不安全感和阻碍性压力之间发挥调节作用。当个体的防御型焦点较高时，工作不安全感与阻碍性压力的正向影响更显著。本书还证实了防御型焦点具有被调节的中介作用：防御型调节焦点能够强化阻碍性压力在工作不安全感与员工创新行为之间的中介作用。因此，工作不安全感会通过阻碍性压力的认知和防御型焦点的调节导向对个体创新行为产生消极影响。

（3）工作不安全感氛围对团队创新行为具有权变作用效应。

本书将压力交互理论和调节焦点理论拓展至群体层面，尝试探究了工作不安全感氛围对团队创新行为的作用效果，构建了以团队挑战性压力、团队阻碍性压力为中介变量，团队共享调节焦点为调节变量的有调节的中介模型，发现与个体层面的工作不安全感一致，工作不安全感氛围对团队创新行为也具有权变作用效应，并以河南省 12 家高新技术企业 60 个团队 414 份领导和员工的配对调查问卷进行了实证检验。本书探究了工作不安全感氛围影响团队创新行为的集体机制，有助于组织和管理者通过影响团队认知和动机来提高团队生产的创造力，本书还扩展了压力交互理论和调节焦点理论在团队层面的相关研究。

一方面，本书发现工作不安全感氛围对团队创新行为具有促进作用。工作不安全感氛围对团队挑战性压力具有显著正向影响，团队挑战性压力对团队创新行为具有显著正向影响，团队挑战性压力在工作不安全感氛围影响团队创新行为过程中起中介作用，也就是说，工作不安全感氛围会通过团队挑战性压力的认知对团队的创新行为产生积极的影响。本书还发现，这种积极的影响还会受到团队调节焦点的影响，即共享促进型焦点在工作不安全感氛围和团队挑战性压力之间发挥调节作用。当团队的促进型焦点较高时，工作不安全感氛围与团队挑战性压力的正向影响更显著。本书还证实了共享促进型焦点具有被调节的中介作用：共享促进型调节焦点能够强化团队挑战性压力在工作不安全感氛围与团队创新行为之间的中介作用。因此，工作不安全感氛围会通过团队挑战性压力的认知和共享促进型焦点的调节导向对团队创新行为产生积极影响。

另一方面，本书发现工作不安全感氛围对团队创新行为具有抑制作用。工作不安全感氛围对团队阻碍性压力具有显著正向影响，而团队阻碍性压力对团队创新行为具有显著负向影响，团队阻碍性压力在工作不安全感氛围影响团队创新行为过程中起中介作用，也就是说，工作不安全感氛围会通过团队阻碍性压力的认知对团队的创新行为产生消极的影响。本书还发现，这种消极的影响还会受到团队调节焦点的影响，即共享防御型焦点在工作不安全感氛围和团队阻碍性压力之间发挥调节作用。当团队的共享防御型焦点较高时，工作不安全感氛围与团队阻碍性压力的正向影响更显著。本书还证实了共享防御型焦点具有被调节的中介作用：共享防御型调节焦点能够强化团队阻碍性压力在工作不安全感氛围与团队创新行为之间的中介作用。因此，工作不安全感氛围会通过团队阻碍性压力的认知和共享防御型焦点的调节导向对团队创新行为产生消极影响。

8.2 创新点

（1）理论创新：通过压力交互理论和调节焦点理论构建了工作不安全感对创新行为影响的权变作用模型。

自工作不安全感提出以来，学者们已从压力视角、社会交换视角、工作保留动机视角等多个角度探究了工作不安全感产生的影响，取得了一定的研究成果。然而，由于研究视角的差异，现有研究对于工作不安全感和创新行为两者之间关系存在一定分歧，产生了"管理困境"问题：究竟在组织中应该完全消除工作不安全感还是引入一定的竞争因素呢？以往的理论对于揭示工作不安全感的作用效果存在一定的局限性。

本书创新性地引入压力交互理论，认为人们对工作不安全感的反应将取决于他们如何看待其工作环境，即将工作不安全感概念化为实现理想和收益的机会，还是将其视为需要避免损失和履行各项义务和职责的情况。如果他们把工作不安全感看作一个机会，那么他们的反应更有可能是创造性的；而如果他们看到后者，那么他们的行动就不太可能有创造性。而且本书还引入了调节焦点理论，认为不同的动机焦点（即促进型焦点和防御型焦点）对所追求目标的性质、人们处理信息的方式以及他们在追求目标过程中的行为方式有着不同的影响。

本书借鉴压力交互理论和调节焦点理论，通过分析具有不同认知评估机制和不同调节焦点倾向的个体和团队不同的目标策略选择，将工作不安全感产生的积极和消极效应纳入同一个框架中，从而更全面地阐释工作不安全感对创新行为产生的权变效应，扩展了现有的关于工作不安全感和创新行为关系的研究。

（2）内容创新：构建了体现中国人际关系特色的团队层面工作不安全感氛围维度结构。

虽然工作不安全感自 20 世纪 80 年代由学者 Greenhalgh 和 Rosenblatt 提出以来已有 30 余年，但学者们多将其看作个体感知的一种现象。直到近些年，随着团队工作模式在企业中越来越重要，学者们逐渐意识到工作不安全感不仅是一种个体现象，同时代表着一种群体共同感知。随后，国外学者对工作不安全感氛围陆续开展了相关研究，对其结构维度和测量方式开展了一些积极有益的探索。相比国外研究，国内对于工作不安全感氛围这一概念鲜有关注，更缺乏适用于中国组织情境的相关测量手段的开发，这也进一步限制了工作不安全感氛围在中国的深入研究。

本书创新性地结合 ERG 理论和参照物转移共识模型，构建了包括五个维度20 个题项的适合中国职业场所的工作不安全感氛围维度和测量量表。一方面，本书开发的工作不安全感氛围测量量表是对 Låstad 等（2015）开发的工作不安全感氛围量表的中国情境化完善。本书认为，工作不安全感氛围不仅包括工作条件、职业发展、薪酬增长、刺激性任务等维度，还应该包含具有典型中国社会特色的人际关系维度。另一方面，本书开发的工作不安全感氛围测量量表也是对胡三嫚（2008）开发的工作不安全感量表在理论层面的完善。该学者最早将工作不安全感进行中国情境化测量，她所开发的量表得到了中国学者的广泛应用和修订。根据 ERG 理论，本书认为工作场所中的重要工作特征分为生存需要、相互关系需要和成长发展需要，将胡三嫚（2008）量表中的薪酬和晋升维度区分开来，相应提出工作丧失不安全感氛围、薪酬不安全感氛围、人际关系不安全感氛围、职业发展不安全感氛围、工作特征不安全感氛围五个维度。

本书借鉴 ERG 理论对工作不安全感氛围的维度进行理论上的划分，不仅包含了体现中国职场特色的人际关系维度，还避免了各维度之间交叉重合，大大提升工作不安全感氛围量表对中国企业的适用力和解释力。

（3）视角创新：将压力交互理论和调节焦点理论拓展至团队层面，探讨了工作不安全感氛围在团队层面的作用机制。

一方面，压力交互理论中的初级和次级评估过程已经在个人层面上得到了明确阐述，但 Pearsall 等（2009）认为挑战性—阻碍性压力的模型框架也应该扩展至团队层面。当团队成员相互交流并分享他们的看法和关注点时，个体的评价将与其他团队成员趋于一致，产生团队挑战性压力和团队阻碍性压力的认知。另一方面，目前调节焦点的研究大多为个体层面，但 Johnson 和 Wallace（2011）指出，作为一种功能性的调节倾向，调节焦点倾向不仅表现在个体层面，它还是一个多层次的结构，代表着团队自我调节以使行动与团队目标相一致的过程，被称为共享调节焦点，而且 Dimotakis 等（2012）也建议有必要研究团队共享调节焦点对于不同团队情境的调节效应。由于能够凝聚团队成员共同合作的力量、开发团队成员持续的创造力、从容地应对复杂多变的外部环境等优势，团队的力量在企业发展过程中的作用日益凸显，学术界的研究也从个体层面更多地转移到对团队层面的探讨，呼吁探讨工作不安全感氛围在团队层面的作用机制（杨付和张丽华，2012）。

本书响应了这一研究诉求，将压力交互理论和调节焦点理论延伸至团队层面，探讨了在这一理论框架下工作不安全感氛围对团队创新行为的权变作用机制。与个体层面工作不安全感对创新行为的作用效应相同，本书发现了团队挑战性压力和团队阻碍性压力在工作不安全感氛围和团队创新行为之间的中介作用，以及两种团队共享调节焦点（共享促进型焦点和共享防御型焦点）对工作不安全感氛围与团队创新行为之间关系的差异化调节作用。

本书将压力交互理论和调节焦点理论延伸至团队层面，揭示了工作不安全感氛围权变影响团队创新行为过程和结果的中间机制和边界条件，丰富了工作不安全感氛围在团队层面的相关研究，也拓展了压力交互理论和调节焦点理论的应用范围和适用性。

8.3　研究不足与未来研究展望

第一，本书的问卷调查数据均为横截面数据，横截面数据在解释变量之间因果关系上具有一定的局限性。而且本书中调节焦点的测量采用的是问卷调查的方式，虽然这种测量方式在相关研究中也被广泛使用，但有学者指出实验法能够更加有效地发现个体的调节倾向。因此，未来研究可以采用纵向问卷调查和实验法相结合的形式，进一步对研究模型的有效性和因果关系进行检验。

第二，本书探讨了工作不安全感对创新行为的影响，未来研究可以采用更加融合的跨学科视角，将工作不安全感的研究进一步拓展至人力资源管理以外的领域，如创新创业领域。随着国家对创新创业的鼓励和支持，不稳定的就业环境和便利的互联网时代也促使很多人尝试创业活动。比如，王蒙蒙（2019）研究了工作不安全感对全职/兼职创业意向的影响，发现在职职工容易存在兼职创业意愿。因此，未来可进一步挖掘工作不安全感对创新创业行为的影响，进一步体现研究结论的适用性和价值。

第三，本书尝试探究了团队不安全感氛围在团队层面的作用机制，但是将团队的工作不安全氛围和个人的工作不安全感完全分开论述，并未探究两者之间的相互影响。事实上，由于个体是嵌入团队中，因此个体的认知、行为等都会受到团队氛围、团队目标等的影响，团队层面的工作不安全感氛围可能会影响个体在面临工作不安全感时的行动策略取向。因此，未来研究可进一步探讨团队工作不安全感氛围对个体跨层次产生的影响，以及团队工作不安全氛围和个体工作不安全感的作用效果是否存在差异。

第四，从结构维度的角度来看，有学者将工作不安全感划分为不同的维度（比如数量工作不安全感和质量不安全感、认知工作不安全感和情感工作不安全感），但大多数研究是将其视为一个整体，探究其对个体心理、行为等产生的影响效应。本书也是将工作不安全感视为一个整体来探究其对个体、团队创新行为产生的不同影响。而最近学者们开始进行更精细化的研究，将工作不安全感分维度进行探讨，发现工作不安全感不同维度的作用效果可能不同。比如，Tu 等（2020）探讨了数量和质量工作不安全感在预测员工压力症状（即身体和行为压力症状）和动机状态（即工作投入）方面的相对重要性，研究发现，数量工作不安全感和质量工作不安全感对员工的压力和动力有不同的影响，数量工作不安全感与员工的身体和行为压力症状更相关，而质量工作不安全感与员工的工作投入更相关。Blomqvist 等（2020）发现，情感性的工作不安全感与精神药物、抗抑郁药和抗焦虑药的购买有关，而认知工作不安全感仅与购买抗抑郁药有关。这些研究支持了区分不同类型工作不安全感的重要性。因此，未来可以将工作不安全感分维度进行研究，进一步探讨工作不安全感作用效果的差异是否由于工作不安全感的不同维度造成的。

第五，本书通过压力交互理论和调节焦点理论揭示了工作不安全感的权变作用效果，发现这种作用效果的差异是认知评估过程和调节系统的差异所引起的，也就是说，个体或团队由于认知评估过程和调节系统的不同而产生不同的认知方式和行为策略。除此之外，工作不安全感对个体或团队的影响受多个条件因素的影响。比如，Huang 等（2020）研究了年龄作为影响因素在不同类型工作不安全感对组织积极性影响中的调节作用，发现质量工作不安全感对年轻员工的影响更大，而数量工作不安全感对年长员工的影响更大，并建议管理者对新生代员工和老龄化劳动力采取不同的管理模式，比如管理者应该特别注意年轻员工对失去期望等这类工作特征的担忧，以及老年员工对失去工作本身的担忧。Tu 等（2020）还研究了调节焦点如何缓解员工对不同类型工作不安全感的反应，他们的研究结果表明，防御型焦点减轻了数量工作不安全感与员工压力症状的正相关关系，而促进型焦点则减轻了质量工作不安全感对员工工作投入的负面影响。防御型焦点更有助于员工应对与数量工作不安全感相关的压力，而促进型焦点更有助于员工在面对质量工作不安全感时保持工作动力。因此，未来研究可以从其他角度（比如年龄）进一步探讨造成工作不安全感产生差异性作用效果的影响因素，更好地为人力资源管理提供实践指导。

参考文献

［1］ Abbas M, Raja U. Challenge－hindrance stressors and job outcomes: The moderating role of conscientiousness ［J］. Journal of Business and Psychology, 2019, 34 (2): 189-201.

［2］ Akram A A. Impact of financial rewards on employee' s motivation and satisfaction in pharmaseutical industry, Pakistan ［J］. Global Journal of Management and Business Research, 2012, 12 (17): 44-49.

［3］ Amabile T M. Entrepreneurial creativity through motivational synergy ［J］. The Journal of Creative Behavior, 1997, 31 (1): 18-26.

［4］ Anja V, Cuyper N D, Witte H D, et al. Not all job demands are equal: Differentiating job hindrances and job challenges in the Job Demands－Resources model ［J］. European Journal of Work and Organizational Psychology, 2010, 19 (6): 735-759.

［5］ Ashford S J, Lee C, Bobko P. Content, cause, and consequences of job insecurity: A theory-based measure and substantive test ［J］. Academy of Management Journal, 1989, 32 (4): 803-829.

［6］ Baer M, Frese M. Innovation is not enough: Climates for initiative and psychological safety, process innovations, and firm performance ［J］. Journal of Organizational Behavior, 2003, 24 (1): 45-68.

［7］ Baltes B B, Zhdanova L S, Parker C P. Psychological climate: A comparison of organizational and individual level referents ［J］. Human Relations, 2009, 62 (5): 669-700.

［8］ Barling J, Dupre K E, Hepburn C G. Effects of parents' job insecurity on children's work beliefs and attitudes ［J］. Journal of Applied Psychology, 1998, 83

（1）: 112.

［9］ Beersma B, Homan A C, Van Kleef G A, et al. Outcome interdependence shapes the effects of prevention focus on team processes and performance ［J］. Organizational Behavior and Human Decision Processes, 2013, 121 （2）: 194-203.

［10］ Blau G, Tatum D S, Mccoy K, et al. Job loss, human capital job feature, and work condition job feature as distinct job insecurity constructs ［J］. Journal of Allied Health, 2004, 33 （1）: 31-41.

［11］ Bliese P D, Maltarich M A, Hendricks J L. Back to basics with mixed-effects models: nine take-away points ［J］. Journal of Business and Psychology, 2018, 33 （1）: 1-23.

［12］ Blomqvist S, Xu T, Persitera, et al. Magnusson Hanson. Associations between cognitive and affective job insecurity and incident purchase of psychotropic drugs: A prospective cohort study of Swedish employees ［J］. Journal of Affective Disorders, 2020, 266: 215-222.

［13］ Borg I, Elizur D. Job insecurity: Correlates, moderators and measurement ［J］. International Journal of Manpower, 1992, 13 （2）: 13-26.

［14］ Boswell W R, Olson-Buchanan J B, Harris T B. I cannot afford to have a life: Employee adaptation to feelings of job insecurity ［J］. Personnel Psychology, 2014, 67 （4）: 887-915.

［15］ Boswell W R, Olson-Buchanan J B, LePine M A. Relations between stress and work outcomes: The role of felt challenge, job control, and psychological strain ［J］. Journal of Vocational Behavior, 2004, 64 （1）: 165-181.

［16］ Bozena Poksinska, Dag Swartling, Erik Drotz. The daily work of lean leaders-lessons from manufacturing and healthcare ［J］. Total Quality Management & Business Excellence, 2013, 24 （7-8）.

［17］ Brockner J, Higgins E T. Regulatory focus theory: Implications for the study of emotions at work ［J］. Organizational Behavior & Human Decision Processes, 2001, 86 （1）: 35-66.

［18］ Bryson A, Cappellari L, Lucifora C. Workers' perceptions of job insecurity: do job security guarantees work? ［J］. Labour, 2009, 23: 177-196.

［19］ Burchell B. A temporal comparison of the effects of unemployment and job insecurity on wellbeing ［J］. Sociological Research Online, 2011, 16 （1）: 1-13.

［20］ Cavanaugh, M. A. , Boswell, W. R. , Roehling, M. V, et al. An empirical examination of self-reported work stress among US managers ［J］. Journal of Applied Psychology, 2000, 85: 65-74.

［21］ Chan D. Functional relations among constructs in the same content domain at different levels of analysis: A typology of composition models ［J］. Journal of Applied Psychology, 1998, 83 (2): 234-246.

［22］ Chen C J, Huang Y F. Creative workforce density, organizational slack, and innovation performance ［J］. Journal of Business Research, 2010, 63 (4): 411-417.

［23］ Churchill G A. A paradigm for developing better measures of marketing constructs ［J］. Journal of Marketing Research, 1979, 16 (2): 64-73.

［24］ Clark A, Postel-Vinay F. Job security and job protection ［J］. Oxford Economic Papers, 2009, 61 (2): 207-239.

［25］ Colbert A E, Bono J E, Purvanova R K. Flourishing via workplace relationships: Moving beyond instrumental support ［J］. Academy of Management Journal, 2016, 59: 1199-1223.

［26］ Combs J, Liu Y, Hall A, et al. How much do high-performance work practices matter? A meta-analysis of their effects on organizational performance ［J］. Personnel Psychology, 2006, 59 (3): 501-528.

［27］ Consiglio C, Borgogni L, Di Tecco C, et al. What makes employees engaged with their work? The role of self-efficacy and employee's perceptions of social context over time ［J］. Career Development International, 2016, 21 (2): 125-143.

［28］ Crawford E R, LePine J A, Rich B L. Linking job demands and resources to employee engagement and burnout: A theoretical extension and meta-analytic test ［J］. Journal of Applied Psychology, 2010, 95 (5): 834-848.

［29］ Cropanzano R, Mitchell M S. Social exchange theory: An interdisciplinary review ［J］. Journal of Management, 2005, 31 (6): 874-900.

［30］ Crowe E, Higgins E T. Regulatory focus and strategic inclinations: Promotion and prevention in decision-making ［J］. Organizational Behavior & Human Decision Processes, 1997, 69 (2): 117-132.

［31］ Cuyper N D, Bernhard-Oettel C, Berntson E, et al. Employability and employees' well-being: Mediation by job insecurity ［J］. Applied Psychology, 2008, 57 (3): 488-509.

[32] Damanpour F, Schneider M. Phases of the adoption of innovation in organizations: Effects of environment, organization and top managers [J] . British Journal of Management, 2006, 17 (3): 215-236.

[33] Datta D K, Guthrie J P, Basuil D, et al. Causes and effects of employee downsizing: A review and synthesis [J] . Journal of Management, 2010, 36 (1): 281-348.

[34] Dawson K M, O'Brien K E, Beehr T A. The role of hindrance stressors in the job demand-control-support model of occupational stress: A proposed theory revision [J] . Journal of Organizational Behavior, 2016, 37 (3): 397-415.

[35] De Cremer D, Mayer D M, Van Dijke M, et al. When does self-sacrificial leadership motivate prosocial behavior? It depends on followers' prevention focus [J] . Journal of Applied Psychology, 2009, 94 (4): 887-899.

[36] De Cuyper N, Mäkikangas A, Kinnunen U, et al. Cross-lagged associations between perceived external employability, job insecurity, and exhaustion: Testing gain and loss spirals according to the conservation of resources theory [J] . Journal of Organizational Behavior, 2012, 33 (6): 770-788.

[37] De Witte H, Sverke M, Van Ruysseveldt J, et al. Job insecurity, union support and intentions to resign membership: A psychological contract perspective [J] . European Journal of Industrial Relations, 2008, 14 (1): 85-103.

[38] Debus M E, König C J, Kleinmann M. The building blocks of job insecurity: The impact of environmental and person-related variables on job insecurity perceptions [J] . Journal of Occupational and Organizational Psychology, 2014, 87 (2): 329-351.

[39] Debus M E, Probst T M, König C J, et al. Catch me if I fall! Enacted uncertainty avoidance and the social safety net as country-level moderators in the job insecurity-job attitudes link [J] . Journal of Applied Psychology, 2012, 97 (3): 690-698.

[40] Dewett T, Denisi A S. What motivates organizational citizenship behaviours? Exploring the role of regulatory focus theory [J] . European Journal of Work and Organizational Psychology, 2007, 16 (3): 241-260.

[41] Dholakia U M, Gopinath M, Bagozzi R P, et al. The role of regulatory focus in the experience and self-control of desire for temptations [J] . Journal of Con-

sumer Psychology, 2006, 16 (2): 163-175.

[42] Dijk D V, Kark R, Matta F, et al. Collective aspirations: collective regula-tory focus as a mediator between transformational and transactional leadership and team creativity [J]. Journal of Business and Psychology, 2020 (5): 1-26.

[43] Dimotakis N, Davison R B, Hollenbeck J R. Team structure and regulatory focus: The impact of regulatory fit on team dynamic [J]. Journal of Applied Psychol-ogy, 2012, 97 (2): 421-434.

[44] Drach-Zahavy A, Freund A. Team effectiveness under stress: a structural contingency approach [J]. Journal of Organizational Behavior, 2007, 28 (4): 423-450.

[45] Ellis A P J. System breakdown: The role of mental models and transactive memory in the relationship between acute stress and team performance [J]. Academy of Management Journal, 2006, 49 (3): 576-589.

[46] Ellonen N, Nätti J. Job insecurity and the unemployment rate: Micro-and macro-level predictors of perceived job insecurity among Finnish employees 1984 - 2008 [J]. Economic and Industrial Democracy, 2015, 36 (1): 51-71.

[47] Elst T V, Broeck A V D, Cuyper N D, et al. On the reciprocal relationship between job insecurity and employee well-being: Mediation by perceived control? [J]. Journal of Occupational & Organizational Psychology, 2014, 87 (4): 671-693.

[48] Elst T V, Cuyper N D, Witte H D. The role of perceived control in the rela-tionship between job insecurity and psychosocial outcomes: moderator or mediator? [J]. Stress & Health, 2011, 27 (3).

[49] Elst T V, Näswall K, Bernhard-Oettel C, et al. The effect of job insecurity on employee health complaints: A within-person analysis of the explanatory role of threats to the manifest and latent benefits of work [J]. Journal of Occupational Health Psychology, 2016, 21 (1): 65.

[50] Elst T V, Witte H D, Cuyper N D. The job insecurity scale: A psychomet-ric evaluation across five European countries [J]. European Journal of Work and Or-ganizational Psychology, 2014, 23 (3): 364-380.

[51] Faddegon K, Ellemers N, Scheepers D. Eager to be the best, or vigilant not to be the worst: The emergence of regulatory focus in disjunctive and conjunctive group

tasks [J] . Group Processes & Intergroup Relations, 2009, 12 (5): 653-671.

[52] Faddegon K, Scheepers D, Ellemers N. If we have the will, there will be a way: Regulatory focus as a group identity [J] . European Journal of Social Psychology, 2010, 38 (5): 880-895.

[53] Florack A, Hartmann J. Regulatory focus and investment decisions in small groups [J] . Journal of Experimental Social Psychology, 2007, 43 (4): 626-632.

[54] Folkman S, Lazarus R S, Dunkel-Schetter C, et al. Dynamics of a stressful encounter: Cognitive appraisal, coping, and encounter Outcomes [J] . Journal of Personality and Social Psychology, 1986, 50 (5): 992-1003.

[55] Folkman S, Lazarus R S. If it Changes it must be a Process: study of emotion and coping during three stages of a college examination [J] . Journal of Personality and Social Psychology, 1985, 48 (1): 150-170.

[56] Fornell C, Larcker D F. Evaluating structural equation models with unobservable variables and measurement error [J] . Journal of Marketing Research, 1981: 39-50.

[57] Friedman R S, Förster J. The effects of approach and avoidance motor actions on the elements of creative insight [J] . Journal of Personality & Social Psychology, 2000, 79 (4): 477-492.

[58] George J M, Zhou J. Understanding when bad moods foster creativity and good ones don't: the role of context and clarity of feelings [J] . Journal of Applied Psychology, 2002, 87 (4): 687.

[59] Getz I, Robinson A G. Innovate or Die: Is that a Fact? [J] . Creativity & Innovation Management, 2003, 12 (3): 130-136.

[60] Giancola J K, Grawitch M J, Borchert D. Dealing with the stress of college: A model for adult students [J] . Adult Education Quarterly, 2009 (59): 246-263.

[61] Gilboa S, Shirom A, Fried Y, et al. A meta-analysis of work demand stressors and job performance: examining main and moderating effects [J] . Personnel Psychology, 2008, 61 (2): 227-271.

[62] Gong Y, Huang J C, Farh J L. Employee learning orientation, transformational leadership, and employee creativity: The mediating role of employee creative self-efficacy [J] . Academy of Management Journal, 2009, 52 (4): 765-778.

[63] Gorman C A, Meriac J P, Overstreet B L, et al. A meta-analysis of the regulatory focus nomological network: Work - related antecedents and consequences [J] . Journal of Vocational Behavior, 2012, 80 (1): 160-172.

[64] Graham K, Ziegert J, Capitano J. The effect of leadership style, framing, and promotion regulatory focus on unethical pro-organizational behavior [J] . Journal of Business Ethics, 2015, 126 (3): 423-436.

[65] Gray J A. Brain systems that mediate both emotion and cognition [J] . Cognition & Emotion, 1990, 4 (3): 269-288.

[66] Greenhalgh L, Rosenblatt Z. Job insecurity: Toward conceptual clarity [J] . Academy of Management Review, 1984, 9 (3): 438-448.

[67] Gump B B, Kulik J A. Stress, affiliation, and emotional contagion [J] . Journal of Personality and Social Psychology, 1997 (72): 305-319.

[68] Guo M, Liu S, Chu F, et al. Supervisory and coworker support for safety: Buffers between job insecurity and safety performance of high-speed railway drivers in China [J] . Safety Science, 2019, 117: 290-298.

[69] Haar J M. Challenge and hindrance stressors in New Zealand: Exploring social exchange theory outcomes [J] . International Journal of Human Resource Management, 2006, 17 (11): 1942-1950.

[70] Hamstra M, Yperen N, Wisse B, et al. Transformational - transactional leadership styles and followers' regulatory focus: Fit reduces followers' turnover intentions [J] . Journal of Personnel Psychology, 2011, 10 (4): 182-186.

[71] Hargrove M B, Becker W S, Hargrove D F. The HRD eustress model: Generating positive stress with challenging work [J] . Human Resource Development Review, 2015, 14 (3): 279-298.

[72] Heaney C A, Israel B A, House J S. Chronic job insecurity among automobile workers: Effects on job satisfaction and health [J] . Social Science & Medicine, 1994, 38 (10): 1431-1437.

[73] Hellgren J, Sverke M, Isaksson K. A two-dimensional approach to job insecurity: Consequences for employee attitudes and well-being [J] . European Journal of Work & Organizational Psychology, 1999, 8 (2): 179-195.

[74] Henker N, Sonnentag S, Unger D. Transformational leadership and employee creativity: The mediating role of promotion focus and creative process engagement

[J] . Journal of Business and Psychology, 2015, 30 (2): 235-247.

[75] Hewlin P F, Kim S S, Song Y H. Creating facades of conformity in the face of job insecurity: A study of consequences and conditions [J] . Journal of Occupational and Organizational Psychology, 2016, 89 (3): 539-567.

[76] Higgins E T, Friedman R S, Harlow R E, et al. Achievement orientations from subjective histories of success: Promotion pride versus prevention pride [J] . European Journal of Social Psychology, 2001, 31 (1): 3-23.

[77] Higgins E T. Promotion and prevention: Regulatory focus as a motivational principle [J] . Advances in Experimental Social Psychology, 1998, 30 (2): 1-46.

[78] Higgins, T E. Beyond pleasure and pain [J] . American Psychologist, 1997, 52 (12): 1280-1300.

[79] Hinsz V B, Tindale R S, Vollrath D A. The emerging conceptualization of groups as information processes [J] . Psychological Bulletin, 1997, 121: 43-64.

[80] Hirst G, Van Knippenberg D, Zhou J. A cross-level perspective on employee creativity: Goal orientation, team learning behavior, and individual creativity [J] . Academy of Management Journal, 2009, 52 (2): 280-293.

[81] Hobfoll S E. The influence of culture, community, and the nested-self in the stress process: Advancing conservation of resources theory [J] . Applied Psychology, 2001, 50 (3): 337-421.

[82] Hsieh H H, Huang J T. Core self-evaluations and job and life satisfaction: The mediating and moderated mediating role of job insecurity [J] . The Journal of psychology, 2017, 151 (3): 282-298.

[83] Huang G H, Niu X, Lee C, et al. Differentiating cognitive and affective job insecurity: Antecedents and outcomes [J] . Journal of Organizational Behavior, 2012, 33 (6): 752-769.

[84] Huang G, Zhang Y, Zhang X, et al. Job insecurity, commitment and proactivity towards the organization and one's career: Age as a condition [J] . Human Resource Management Journal, 2020: 1-21.

[85] Hulbert-Williams N J, Morrison V, Wilkinson C, et al. Investigating the cognitive precursors of emotional response to cancer stress: Re-testing Lazarus's transactional model [J] . British Journal of Health Psychology, 2013, 18 (1): 97-121.

[86] Hülsheger U R, Anderson N, Salgado J F. Team-level predictors of innova-

tion at work: a comprehensive meta-analysis spanning three decades of research [J]. Journal of Applied Psychology, 2009, 94 (5): 1128-1145.

[87] Ilies R, Wagner D T, Morgeson F P. Explaining affective linkages in teams: Individual differences in susceptibility to contagion and individualism-collectivism [J]. Journal of Applied Psychology, 2007, 92: 1140-1148.

[88] Jacobson D, Hartley J. Mapping the context [C] //Job Insecurity: Coping with Jobs at Risk, Sage, 1991: 1-22.

[89] Janssen O, Van de Vliert E, West M. The bright and dark sides of individual and group innovation: A special issue introduction [J]. Journal of Organizational Behavior, 2004, 25 (2): 129-145.

[90] Jiang L, Probst T M. Organizational communication: A buffer in times of job insecurity? [J]. Economic and Industrial Democracy, 2014, 35 (3): 557-579.

[91] Johnson P D, Shull A, Wallace J C. Regulatory focus as a mediator in goal orientation and performance relationships [J]. Journal of Organizational Behavior, 2011, 32 (5): 751-766.

[92] Johnson P D, Smith M B, Wallace J C, et al. A review of multilevel regulatory focus in organizations [J]. Journal of Management, 2015, 41 (5): 1501-1529.

[93] Johnson P, Wallace C. Increasing individual and team performance in an organizational setting through the situational adaptation of regulatory focus [J]. Consulting Psychology Journal Practice & Research, 2011, 63 (63): 190-201.

[94] Johnson R E, King D D, Lin S H J, et al. Regulatory focus trickle-down: How leader regulatory focus and behavior shape follower regulatory focus [J]. Organizational Behavior and Human Decision Processes, 2017, 140: 29-45.

[95] Joo B, Song J H, Lim D H, et al. Team creativity: the effects of perceived learning culture, developmental feedback and team cohesion [J]. International Journal of Training and Development, 2012, 16: 77-91.

[96] Kane-Frieder R E, Hochwarter W A, Ferris G R. Terms of engagement: Political boundaries of work engagement-work outcomes relationships [J]. Human Relations, 2013, 67 (3): 357-382.

[97] Kark R, Van-Dijk D. Motivation to lead, motivation to follow: The role of the self-regulatory focus in leadership processes [J]. The Academy of Management Review, 2007, 32 (2): 500-528.

［98］Kark R, Katz-Navon T, Delegach M. The dual effects of leading for safety: The mediating role of employee regulatory focus ［J］. Journal of Applied Psychology, 2015, 100 (5): 1332-1348.

［99］Keim A C, Landis R S, Pierce C A, et al. Why do employees worry about their jobs? A meta-analytic review of predictors of job insecurity ［J］. Journal of Occupational Health Psychology, 2014, 19 (3): 269-290.

［100］Klandermans B, Hesselink J K, Van Vuuren T. Employment status and job insecurity: On the subjective appraisal of an objective status ［J］. Economic and Industrial Democracy, 2010, 31 (4): 557-577.

［101］Lai F Y, Lu S C, Lin C C, et al. The relationship between leader-member exchange and employees' proactive behaviors: The moderating role of leader's linking-pin position ［J］. Journal of Personnel Psychology, 2019, 18 (2): 106-111.

［102］Lanaj K, Chang C H, Johnson R E. Regulatory focus and work-related outcomes: A review and meta-analysis ［J］. Psychological Bulletin, 2012, 138 (5): 998-1034.

［103］Låstad L, Berntson E, Näswall K, et al. Measuring quantitative and qualitative aspects of the job insecurity climate: Scale validation ［J］. Career Development International, 2015, 20 (3): 202-217.

［104］Lazarus R S, Folkman S. Stress, appraisal, and coping ［M］. New York: Springer, 1984.

［105］Lazarus R S, Folkman S. Transactional theory and research on emotions and coping ［J］. European Journal of Personality, 1987, 1 (3): 141-169.

［106］Lee D S, Lee K C, Seo Y W, et al. An analysis of shared leadership, diversity, and team creativity in an e-learning environment ［J］. Computers in Human Behavior, 2015, 42: 47-56.

［107］Lehmann-Willenbrock N, Allen J A. How fun are your meetings? Investigating the relationship between humor patterns in team interactions and team performance ［J］. Journal of Applied Psychology, 2014, 99 (6): 1278-1287.

［108］LePine J A, LePine M A, Jackson C L. Challenge and hindrance stress: Relationships with exhaustion, motivation to learn, and learning performance ［J］. Journal of Applied Psychology, 2004, 89 (5): 883-891.

［109］LePine J A, Podsakoff N P, LePine M A. A meta-analytic test of the challenge stressor-hindrance stressor framework: An explanation for inconsistent relationships among stressors and performance [J] . Academy of Management Journal, 2005, 48 (5): 764-775.

[110] LePine M A, Zhang Y, Crawford E R, et al. Turning their pain to gain: Charismatic leader influence on follower stress appraisal and job performance [J] . Academy of Management Journal, 2016, 59: 1036-1059.

[111] Levine J M, Higgins E T, Choi H S. Development of strategic norms in groups [J] . Organizational Behavior and Human Decision Processes, 2000, 82 (1): 88-101.

[112] Li A N, Liao H, Tangirala S, et al. The content of the message matters: The differential effects of promotive and prohibitive team voice on team productivity and safety performance gains [J] . Journal of Applied Psychology, 2017, 102 (8): 1259-1270.

[113] Liang J, Farh C I C, Farh J L. Psychological antecedents of promotive and prohibitive voice: A two-wave examination [J] . Academy of Management Journal, 2012, 55 (1): 71-92.

[114] Liao H, Liu D, Loi R. Looking at both sides of the social exchange coin: A social cognitive perspective on the joint effects of relationship quality and differentiation on creativity [J] . Academy of Management Journal, 2010, 53 (5): 1090-1109.

[115] Liberman N, Molden D C, Idson L C, et al. Promotion and prevention focus on alternative hypotheses: implications for attributional functions [J] . Journal of Personality & Social Psychology, 2001, 80 (1): 5-18.

[116] Lichtenthaler U. Absorptive capacity, environmental turbulence, and the complementarity of organizational learning processes [J] . Academy of Management Journal, 2009, 52 (4): 822-846.

[117] Lim V K G, Sng Q S. Does parental job insecurity matter? Money anxiety, money motives, and work motivation [J] . Journal of Applied Psychology, 2006, 91 (5): 1078.

[118] Liu C E, Hu C, Xie W, et al. The moderated-mediation effect of workplace anxiety and regulatory focus in the relationship between work-related identity discrepancy and employee innovation [J] . International Journal of Environmental Research and Public Health, 2020, 17 (17): 6121-6133.

［119］Liu W, Xiang S. The effect of leaders' coaching behaviors on employee learning orientation: A regulatory focus perspective ［J］. Frontiers in Psychology, 2020, 11: 1-15.

［120］Lockwood P, Jordan C H, Kunda Z. Motivation by positive or negative role models: Regulatory focus determines who will best inspire us ［J］. Journal of Personality and Social Psychology, 2002, 83（4）: 854-864.

［121］Loi R, Ngo H Y, Zhang L, et al. The interaction between leader-member exchange and perceived job security in predicting employee altruism and work performance ［J］. Journal of Occupational & Organizational Psychology, 2011, 84（4）: 669-685.

［122］Lu T, Zhuang M, Zhuang G. When does guanxi hurt interfirm cooperation? The moderating effects of institutional development and IT infrastructure capability ［J］. Journal of Business Research, 2021, 125: 177-186.

［123］Manski C F, Straub J D. Worker perceptions of job insecurity in the mid-1990s: Evidence from the survey of economic expectations ［R］. Working Paper, 1999.

［124］Marks M A, Mathieu J E, Zaccaro S J. A temporally based framework and taxonomy of team processes ［J］. Academy of Management Review, 2001, 26（3）: 356-376.

［125］Martínez-Sánchez A, Pérez-Pérez M, De-Luis-Carnicer P, et al. Telework, human resource flexibility and firm performance ［J］. New Technology Work & Employment, 2010, 22（3）: 208-223.

［126］Mascareño J, Rietzschel E, Wisse B. Leader-member Exchange（LMX）and innovation: A test of competing hypotheses ［J］. Creativity and Innovation Management, 2020, 29（3）.

［127］Matta F K, Erol-Korkmaz H T, Johnson R E, et al. Significant work events and counterproductive work behavior: The role of fairness, emotions, and emotion regulation ［J］. Journal of Organizational Behavior, 2014, 35（7）: 920-944.

［128］Meyer J P, Becker T E, Vandenberghe C. Employee commitment and motivation: a conceptual analysis and integrative model ［J］. Journal of Applied Psychology, 2004, 89（6）: 991.

［129］Mitchell M S, Ambrose M L. Abusive supervision and workplace deviance and the moderating effects of negative reciprocity beliefs [J] . Journal of Applied Psychology, 2007, 92 (4): 1159-1168.

[130] Montani F, Courcy F, Vandenberghe C. Innovating under stress: The role of commitment and leader-member exchange [J] . Journal of Business Research, 2017, 77: 1-13.

[131] Ms A, Tng A, Mjm B. Transformational leadership and work unit innovation: A dyadic two-wave investigation [J] . Journal of Business Research, 2020, 109: 399-412.

[132] Neubert M J, Kacmar K M, Carlson D S, et al. Regulatory focus as a mediator of the influence of initiating structure and servant leadership on employee behavior [J] . Journal of Applied Psychology, 2008, 93 (6): 1220-1233.

[133] Ng T W H, Feldman D C. Employee voice behavior: A meta-analytic test of the conservation of resources framework [J] . Journal of Organizational Behavior, 2012, 33 (2): 216-234.

[134] Ng T W H, Lucianetti L. Within-individual increases in innovative behavior and creative, persuasion, and change self-efficacy over time: A social-cognitive theory perspective [J] . Journal of Applied Psychology, 2016, 101 (1): 14.

[135] Nunnally J C, Knott P D, Duchnowski A, et al. Pupillary response as a general measure of activation [J] . Perception & Psychophysics, 1967, 2 (4): 149-155.

[136] O' Neill P, Sevastos P. The development and validation of a new multidimensional Job Insecurity Measure (JIM): An inductive methodology [J] . Journal of Occupational Health Psychology, 2013, 18 (3): 338-349.

[137] Pearsall M J, Ellis A P J, Stein J H. Coping with challenge and hindrance stressors in teams: Behavioral, cognitive, and affective outcomes [J] . Organizational Behavior and Human Decision Processes, 2009, 109 (1): 18-28.

[138] Piccoli B, De Witte H. Job insecurity and emotional exhaustion: Testing psychological contract breach versus distributive injustice as indicators of lack of reciprocity [J] . Work & Stress, 2015, 29 (3): 246-263.

[139] Podsakoff N P, LePine J A, LePine M A. Differential challenge stressor-hindrance stressor relationships with job attitudes, turnover intentions, turnover, and withdrawal behavior: A meta-analysis [J] . Journal of Applied Psychology, 2007, 92 (2): 438-454.

［140］ Podsakoff P M, Mackenzie S B, Podsakoff N. Sources of method bias in social science research and recommendations on how to control itm ［J］. Social Science Electronic Publishing, 2012, 63 (1): 539- 569.

［141］ Preacher K J, Hayes A F. Asymptotic and resampling strategies for assessing and comparing indirect effects in multiple mediator models ［J］. Behavior Research Methods, 2008, 40 (3): 879-891.

［142］ Prem R, Ohly S, Kubicek B, et al. Thriving on challenge stressors? Exploring time pressure and learning demands as antecedents of thriving at work ［J］. Journal of Organizational Behavior, 2017, 38 (1): 108-123.

［143］ Probst T M, Stewart S M, Gruys M L, et al. Productivity, counter productivity and creativity: The ups and downs of job insecurity ［J］. Journal of Occupational and Organizational Psychology, 2007, 80 (3): 479-497.

［144］ Probst T M. Job insecurity: Exploring a new threat to employee safety ［C］//The Psychology of Workplace Safety, 2004.

［145］ Raja U, Johns G. The joint effects of personality and job scope on in-role performance, citizenship behaviors, and creativity ［J］. Human Relations, 2010, 63 (7): 981-1005.

［146］ Rasmussen M, Standal M I, Laumann K. Task complexity as a performance shaping factor: A review and recommendations in Standardized Plant Analysis Risk-Human Reliability Analysis (SPAR-H) adaption ［J］. Safety Science, 2015, 76: 228-238.

［147］ Razinskas S, Weiss M, Hoegl M. Opening the Black Box of Challenge and Hindrance Team Stressors Predicting Team Performance ［C］//Academy of Management Proceedings. Briarcliff Manor, NY 10510: Academy of Management, 2015 (1): 11684.

［148］ Reisel W D, Probst T M, Chia S L, et al. The effects of job insecurity on job satisfaction, organizational citizenship behavior, deviant behavior, and negative emotions of employees ［J］. International Studies of Management & Organization, 2010, 40 (1): 74-91.

［149］ Reitz A K, Zimmermann J, Hutteman R, et al. How peers make a difference: The role of peer groups and peer relationships in personality development ［J］. European Journal of Personality, 2014, 28: 279-288.

[150] Ren S, Chadee D. Is guanxi always good for employee self-development in China? Examining non-linear and moderated relationships [J]. Journal of Vocational Behavior, 2017, 98 (2): 108-117.

[151] Rietzschel E F. Collective regulatory focus predicts specific aspects of team innovation [J]. Group Processes & Intergroup Relations, 2011, 14 (3): 337-345.

[152] Rodell J B, Judge T A. Can "good" stressors spark "bad" behaviors? The mediating role of emotions in links of challenge and hindrance stressors with citizenship and counterproductive behaviors [J]. Journal of Applied Psychology, 2009, 94 (6): 1438.

[153] Roll L C, Siu O, Li S Y W, et al. Job insecurity: cross-cultural comparison between Germany and China [J]. Journal of Organizational Effectiveness, 2015, 2 (1): 36-54.

[154] Rollins T. Pay for performance: It is worth the trouble [J]. Personnel Administrator, 1988 (5): 42-46.

[155] Rosing K, Frese M, Bausch A. Explaining the heterogeneity of the leadership-innovation relationship: Ambidextrous leadership [J]. The Leadership Quarterly, 2011, 22 (5): 956-974.

[156] Roskies E, Fournier L G. Coping with job insecurity: How does personality make a difference? [J]. Journal of Organizational Behavior, 1993, 14 (7): 617-630.

[157] Sacramento C A, Fay D, West M A. Workplace duties or opportunities? Challenge stressors, regulatory focus, and creativity [J]. Organizational Behavior and Human Decision Processes, 2013, 121 (2): 141-157.

[158] Salas E, Driskell J E, Hughes S. Introduction: The study of stress and human performance [C] //J. E. Driskell & E. Salas (Eds.), Stress and human performance. Mahwah, NJ: Erlbaum, 1986.

[159] Sassenberg K, Woltin K A. Group-based self-regulation: The effects of regulatory focus [J]. European Review of Social Psychology, 2009, 19 (1): 126-164.

[160] Schreurs B H J, Hetty van Emmerik I J, Günter H, et al. A weekly diary study on the buffering role of social support in the relationship between job insecurity and employee performance [J]. Human Resource Management, 2012, 51 (2):

259-279.

[161] Segars A H. Assessing the unidimensionality of measurement: a paradigm and illustration within the context of information systems research [J]. Omega, 1997, 25 (1): 107-121.

[162] Selenko E, Mäkikangas A, Mauno S, Kinnunen U. How does job insecurity relate to self-reported job performance? Analysing curvilinear associations in a longitudinal sample [J]. Journal of Occupational & Organizational Psychology, 2013, 86 (4): 522-542.

[163] Selye H. History and present status of the stress concept [M]. Handbook of Stress. New York: Free Press, 1982.

[164] Selye H. Stress without distress [C] //Psychopathology of human adaptation. Springer, Boston, MA, 1976: 137-146.

[165] Semin G R, Higgins T, Montes L, et al. Linguistic signatures of regulatory focus: How abstraction fits promotion more than prevention [J]. Journal of Personality and Social Psychology, 2005, 89 (1): 36-45.

[166] Sender A, Arnold A, Staffelbach B. Job security as a threatened resource: reactions to job insecurity in culturally distinct regions [J]. The International Journal of Human Resource Management, 2017, 28 (17): 2403-2429.

[167] Sengupta J, Zhou R. Understanding impulsive eaters' choice behaviors: The motivational influences of regulatory focus [J]. Journal of Marketing Research, 2007, 44 (2): 297-308.

[168] Shin J, Lee Y K, Seo E. The effects of feedback on students' achievement goals: Interaction between reference of comparison and regulatory focus [J]. Learning & Instruction, 2017, 49: 21-31.

[169] Shin S J, Zhou J. When is educational specialization heterogeneity related to creativity in research and development teams? Transformational leadership as a moderator [J]. Journal of Applied Psychology, 2007, 92 (6): 1709-1721.

[170] Shin Y, Kim M, Choi J N, et al. Does team culture matter? Roles of team culture and collective regulatory focus in team task and creative performance [J]. Group & Organization Management, 2015: 174.

[171] Sias P M. Workplace relationship quality and employee information experiences [J]. Communication studies, 2005, 56 (4): 375 - 395.

[172] Sitlington H, Marshall V. Do downsizing decisions affect organisational knowledge and performance? [J]. Management Decision, 2011: 1-19.

[173] Slemp G R, Vella-Brodrick D A. Optimising employee mental health: The relationship between intrinsic need satisfaction, job crafting, and employee well-being [J]. Journal of Happiness Studies, 2014, 15 (4): 957-977.

[174] Sora B, Caballer A, Peiró J M, et al. Job insecurity climate's influence on employees' job attitudes: Evidence from two European countries [J]. European Journal of Work and Organizational Psychology, 2009, 18 (2): 125-147.

[175] Sora B, Cuyper N D, Caballer A, et al. Outcomes of job insecurity climate: The role of climate strength [J]. Applied Psychology, 2013, 62 (3): 382-405.

[176] Spiegelaere S D, Gyes G V, Witte H D, et al. On the relation of job insecurity, job autonomy, innovative work behaviour and the mediating effect of work engagement [J]. Creativity & Innovation Management, 2014, 23 (3): 318-330.

[177] Stam D, Knippenberg D V, Wisse B. Focusing on followers: The role of regulatory focus and possible selves in visionary leadership [J]. The Leadership Quarterly, 2010, 21 (3): 457-468.

[178] Storch M, Gaab J, Kuttel Y, et al. Psychoneuroendocrine effects of resource-activating stress management training [J]. Health Psychology, 2007 (26): 456-463.

[179] Summerville A, Roese N J. Self-Report measures of individual differences in regulatory focus: A cautionary note [J]. Journal of Research in Personality, 2008, 42 (1): 247-254.

[180] Sverke M, Hellgren J. The nature of job insecurity: understanding employment uncertainty on the brink of a new millennium [J]. Applied Psychology, 2002, 51 (1): 23-42.

[181] Tomas J, Grabovac M T, Grđan S, et al. Does job insecurity climate contribute to counterproductive work behavior? A multilevel perspective [C] // Congress of the European Association of Work and Organizational Psychology, Book of Abstracts, Dublin, 2017.

[182] Tran K T, Nguyen P V, Dang T T U, et al. The impacts of the high-quality workplace relationships on job performance: A perspective on staff nurses in Vietnam

［J］. Behavioral Sciences, 2018, 8（12）: 2-21.

［183］Travis J, Kaszycki A, Geden M, et al. Some stress is good stress: The challenge-hindrance framework, academic self-efficacy, and academic outcomes［J］. Journal of Educational Psychology, 2020, 112（8）: 1632-1643.

［184］Tu Y, Long L, Wang H J, et al. To prevent or to promote: How regulatory focus moderates the differentiated effects of quantitative versus qualitative job insecurity on employee stress and motivation［J］. International Journal of Stress Management, 2020, 27（2）: 135-146.

［185］Vaughn L A, Baumann J, Klemann C. Openness to experience and regulatory focus: evidence of motivation from fit［J］. Journal of Research in Personality, 2008, 42（4）: 886-894.

［186］Vila-Vázquez G, Castro-Casal C, álvarez-Pérez D. From LMX to individual creativity: Interactive effect of engagement and job complexity［J］. International Journal of Environmental Research and Public Health, 2020, 17（8）: 1-18.

［187］Voigt E, Hirst G. High and low performers' intention to leave: Examining the relationship with motivation and commitment［J］. The International Journal of Human Resource Management, 2015（26）: 574-588.

［188］Vuuren C V, Klandermans P G. Individual reaction to job insecurity: An integrated model［R］. 1990.

［189］Wallace C, Chen G. A multilevel integration of personality, climate, self-regulation, and performance［J］. Personnel Psychology, 2006, 59（3）: 529-557.

［190］Wang S, Wang W, Guo S, et al. Nurses' job insecurity and emotional exhaustion the mediating effect of presenteeism and the moderating effect of supervisor support［J］. Frontiers in Psychology, 2020, 11: 2239-2248.

［191］Webster J R, Beehr T A, Christiansen N D. Toward a better understanding of the effects of hindrance and challenge stressors on work behavior［J］. Journal of Vocational Behavior, 2010, 76（1）: 68-77.

［192］Webster J R, Beehr T A, Love K. Extending the challenge-hindrance model of occupational stress: The role of appraisal［J］. Journal of Vocational Behavior, 2011, 79（2）: 505-516.

［193］West S G, Aiken L S, Krull J L. Experimental personality designs: Analyzing categorical by continuous variable interactions［J］. Journal of Personality, 1996,

64 (1): 1-48.

[194] Witte H D. Job insecurity and psychological well-being: Review of the literature and exploration of some unresolved issues [J]. European Journal of Work & Organizational Psychology, 1999, 8 (2): 155-177.

[195] Wroe A. Political trust and job insecurity in 18 European polities [J]. Journal of Trust Research, 2014, 4 (2): 90-112.

[196] Wu C, Mcmullen J S, Neubert M J, et al. The influence of leader regulatory focus on employee creativity [J]. Journal of Business Venturing, 2008, 23 (5): 587-602.

[197] Yang C L, Hwang M, Chen Y C. An empirical study of the existence, relatedness and growth (ERG) theory in consumer's selection of mobile value-added services [J]. African Journal of Business Management, 2011, 5 (19): 7885-7898.

[198] Yerkes R M, Dodson J D. The relation of strength of stimulus to rapidity of habit-formation [J]. Journal of Comparative Neurology and Psychology, 1908 (18).

[199] Yuan Z, Li Y, Lin J. Linking challenge and hindrance stress to safety performance: The moderating effect of core self-evaluation [J]. Personality and individual differences, 2014, 68: 154-159.

[200] Zhang C, Mayer D, Hwang E. More is less: Learning but not relaxing buffers deviance under job stressors [J]. Journal of Applied Psychology, 2018, 103: 123-136.

[201] Zhang L, Chen L, Zhao N. Effects of work stressors on desire for organizational construction: The moderating role of leader-member exchange [J]. Journal of Management and Organization, 2016, 22 (3): 367-387.

[202] Zhang X A, Li N, Harris T B. Putting non-work ties to work: The case of guanxi in supervisor-subordinate relationships [J]. Leadership Quarterly, 2015, 26 (1): 37-54.

[203] Zhang Y, LePine J A, Buckman B R, et al. It's not fair··· or is it? The role of justice and leadership in explaining work stressor-job performance relationships [J]. Academy of Management Journal, 2014, 57 (3): 675-697.

[204] Zhao X, Lim V K G, Teo T S H. The long arm of job insecurity: Its impact on career-specific parenting behaviors and youths' career self-efficacy [J]. Journal of Vocational Behavior, 2012, 80 (3): 619-628.

［205］Zhou J, George J M. When job dissatisfaction leads to creativity：Encouraging the expression of voice［J］. Academy of Management Journal, 2001, 44 (4)：682-696.

［206］Zhou J. When the presence of creative coworkers is related to creativity：role of supervisor close monitoring, developmental feedback, and creative personality［J］. Journal of Applied Psychology, 2003, 88 (3)：413-422.

［207］Zhou L, Yang K, Wang Z, Luo Z. When do employees speak up under job stressors? Exploring the potential u-shaped relationship between hindrance stressors and voice behavior［J］. Frontiers in Psychology, 2019 (10)：2336.

［208］Zhu Y, Wu J. Does charismatic leadership encourage or suppress follower voice? The moderating role of challenge-hindrance stressors［J］. Asian Business & Management, 2020, (8)：1-26.

［209］Zhu Y, Xie Y, Warner M, et al. Employee participation and the influence on job satisfaction of the "new generation" of Chinese employees［J］. The International Journal of Human Resource Management, 2015, 26 (19)：2395-2411.

［210］曹怀龙. 信息支持对工作家庭关系认知评价的影响［D］. 华中师范大学, 2014.

［211］曹懿, 穆云红. 工作不安全感与工作绩效间相互作用的综述与假设［J］. 中小企业管理与科技旬刊, 2017 (6)：117-118.

［212］曹元坤, 徐红丹. 调节焦点理论在组织管理中的应用述评［J］. 管理学报, 2017, 14 (8)：1254-1262.

［213］陈诚, 廖建桥, 文鹏. 基于ERG理论的企业导师知识共享管理策略研究［J］. 图书情报工作, 2011, 55 (16)：99-102, 110.

［214］陈海华. 工作不安全感的来源和结果［D］. 浙江大学, 2006.

［215］陈礼花. 高校女教师挑战性—阻碍性压力与工作家庭冲突关系研究［D］. 电子科技大学, 2017.

［216］陈明淑, 周子旋. 工作不安全感对员工创造力的积极影响：基于压力学习效应的视角［J］. 中国人力资源开发, 2020, 37 (5)：33-45.

［217］陈前. 挑战性—阻碍性压力源对网络闲散行为的影响机制研究［D］. 中南财经政法大学, 2019.

［218］陈倩倩, 樊耘, 李春晓. 组织支持感对员工创新行为的影响研究——目标导向与权力动机的作用［J］. 华东经济管理, 2018, 32 (2)：43-50.

［219］陈蓉，许培源．研发投入、知识存量与内资企业创新产出——基于高技术产业的经验分析［J］．经济与管理评论，2015，31（2）：39-45

［220］陈兴华，凌文辁，方俐洛．你的员工有安全感吗？［J］．中国人力资源开发，2004（4）：30-33.

［221］丁言乔，牛雄鹰．组织的信息提供行为对员工心理健康的影响——两种工作不安全感的链式中介作用［J］．商业研究，2020（8）：82-90.

［222］董进才，王浩丁．代际差异视角下挑战性—阻碍性压力源与退缩行为关系研究［J］．河北经贸大学学报，2018，39（5）：85-92.

［223］杜鹏程，倪敏．团队动机氛围对员工跨界行为的影响：团队社会资本的跨层次效应［J］．天津商业大学学报，2020，40（6）：17-25.

［224］杜鹏程，倪清，贾玉立．压力促进还是抑制了创新——基于组织支持感的双元压力与创新行为关系研究［J］．科技进步与对策，2014，31（16）：11-16.

［225］冯海龙．组织学习量表的开发［J］．商业经济与管理，2009（3）：27-33.

［226］冯卫东．聘任制背景下高校教师工作不安全感与敬业度和工作绩效关系研究［D］．西南财经大学，2014.

［227］甘罗娜，彭剑锋，许正权，马晓苗．员工企业家精神对绩效的影响机制研究——调节焦点视角［J］．科技进步与对策，2020，37（24）：134-141.

［228］郭晓薇，李成彦．中国人的上下级关系：整合构念的建立与初步检验［J］．管理学报，2015，12（2）：167-177.

［229］韩巍，郝树伟，黎润红．工作不安全感问卷在医学院校教师中的初步修订［J］．中国健康心理学杂志，2017，25（9）：1388-1393.

［230］韩翼，廖建桥，龙立荣．雇员工作绩效结构模型构建与实证研究［J］．管理科学学报，2007，10（5）：62-77.

［231］郝凤鑫．任务互依性对研发团队创新绩效影响研究：共享心智模式的中介与团队差序氛围的调节作用［D］．山东财经大学，2015.

［232］何慧．挑战—阻碍性压力源对工作家庭关系的影响研究［D］．湘潭大学，2020.

［233］贺瑞雪．变革型领导对创新气氛和创新绩效的影响［D］．山西大学，2011.

［234］侯昭华，宋合义．工作复杂情境下悖论式领导对员工工作重塑的影响

研究［J］．预测，2021，40（1）：90-96.

［235］胡三嫚．工作不安全感及其对组织结果变量的影响机制［D］．华中师范大学，2008.

［236］胡三嫚．企业员工工作不安全感影响效应的交叉滞后分析［J］．中国临床心理学杂志，2017，25（5）：933-938.

［237］胡文安，罗瑾琏．双元领导如何激发新员工创新行为？一项中国情境下基于认知-情感复合视角的模型构建［J］．科学学与科学技术管理，2020，41（1）：99-113.

［238］黄爱华，黎子森．工作不安全感与员工创造力：知识隐藏的中介作用和任务互赖的调节作用［J］．中国人力资源开发，2016，33（9）：56-65.

［239］姬玉．工程项目团队工作压力源与创新绩效的关系及其影响因素研究［D］．天津理工大学，2018.

［240］蒋琬．辱虐管理、团队辱虐氛围对员工及团队工作有效性的多层次影响模型研究［D］．上海交通大学，2015.

［241］雷星晖，单志汶，苏涛永，等．谦卑型领导行为对员工创造力的影响研究［J］．管理科学，2015（2）：115-125.

［242］李磊，尚玉钒，席酉民．基于调节焦点理论的领导语言框架对下属创造力的影响研究［J］．科研管理，2012，33（1）：127-137.

［243］李磊，尚玉钒．基于调节焦点理论的领导对下属创造力影响机理研究［J］．南开管理评论，2011，14（5）：4-11.

［244］李巧灵，李茜茜，李宗波，等．中文版挑战性—阻碍性压力源量表在民营企业员工中应用的效度和信度［J］．中国心理卫生杂志，2014，28（7）：530-534.

［245］李勇泉．饭店从业人员的职业不安全感研究［D］．华侨大学，2012.

［246］李宗波，李锐．挑战性—阻碍性压力源研究述评［J］．外国经济与管理，2013，35（5）：40-49.

［247］李宗波，彭翠．挑战性—阻碍性压力对工作满意度、情绪衰竭的差异性影响——上下属关系的调节作用［J］．软科学，2014，28（3）：82-86.

［248］廖文虎．企业—顾客互动对零售商品牌权益的影响研究［D］．中南财经政法大学，2018.

［249］刘超．团队挑战性—阻碍性压力对团队创造力的影响机理研究［J］．上海管理科学，2020，42（3）：108-112.

［250］刘程军，蒋天颖，华明浩．智力资本与企业创新关系的 Meta 分析 ［J］．科研管理，2015，36（1）：72-80.

［251］刘得格．挑战性-阻碍性压力源、角色超载和情绪枯竭的关系：心理弹性的调节作用［J］．心理与行为研究，2015，13（1）：115-124.

［252］刘露，郭海．规范性创新期望如何影响员工创新？一个基于"我想"、"我能"的中介效应研究［J］．中国人力资源开发，2017（7）：72-83.

［253］刘淑桢，叶龙，郭名．工作不安全感如何成为创新行为的助推力——基于压力认知评价理论的研究［J］．经济管理，2019，41（11）：126-140.

［254］刘新梅，陈超．团队动机氛围对团队创造力的影响路径探析——基于动机性信息加工视角［J］．科学学与科学技术管理，2017（10）：172-182.

［255］刘颖，张正堂．团队薪酬对团队质量绩效和效率绩效的影响——合作性努力和竞争性努力的中介效应［J］．华南师范大学学报（社会科学版），2019（4）：120-129，191.

［256］栾贞增，张晓东．主动下属如何展现高水平创造力——领导谦逊的激活作用［J］．科技进步与对策，2021，38（20）：146-153.

［257］毛义华，康晓婷，方燕翎．创新氛围与知识管理对创新绩效的影响研究［J］．科学学研究，2021，39（3）：519-529.

［258］彭杉杉．员工工作不安全感与敬业度的关系研究［D］．山东大学，2010.

［259］彭伟，马越，陈奎庆．辱虐型领导对团队创造力的影响机制研究：一个有调节的中介模型［J］．管理评论，2020，32（11）：208-219.

［260］桑蒙蒙．领导幽默对员工情绪耗竭的影响机理——工作不安全感和任务不确定性的作用［J］．湖北文理学院学报，2020，41（8）：53-58.

［261］史灿灿．挑战性—阻碍性压力源、情绪衰竭与沉默行为的关系研究［D］．东北财经大学，2017.

［262］史青．个体调节焦点对领导行为有效性调节效应的实证研究［J］．西南大学学报（社会科学版），2011，37（3）：117-121.

［263］宋靖，张勇，王明旋．质量型工作不安全感对员工组织公民行为的影响：组织认同的中介效应与互动公平的调节效应［J］．中国人力资源开发，2018，35（11）：54-64.

［264］宋君．建言行为对员工及团队绩效的多层次影响模型研究［D］．中国科学技术大学，2018.

［265］宋一晓，曹洲涛，陈春花，吴雨璐．动态工作环境如何影响员工绩效？任务重塑与调节焦点的作用分析［J］．科学学与科学技术管理，2021，42（2）：112-128．

［266］苏屹，梁德智．包容型领导对员工创新行为的影响：基于组织和谐的中介作用及组织创新氛围的调节作用［J］．商业经济与管理，2021（1）：27-36．

［267］孙健敏，陈乐妮，尹奎．挑战性压力与员工创新行为：领导—成员交换与辱虐管理的作用［J］．心理学报，2018，50（4）：436-449．

［268］唐于红，赵琛徽，蒋志雄．领导—成员交换差异对团队创新绩效的影响——团队成员交换与团队政治氛围的作用［J］．财经论丛，2020（5）：83-93．

［269］田虹，田佳卉．环境变革型领导对员工绿色创造力的作用机制研究［J］．管理学报，2020，17（11）：1688-1696．

［270］汪曲，李燕萍．团队内关系格局能影响员工沉默行为吗：基于社会认知理论的解释框架［J］．管理工程学报，2017，31（4）：34-44．

［271］王蒙蒙．工作安全感对兼职/全职创业意向的影响［D］．苏州大学，2019．

［272］王巧莲．企业核心员工自适应职业发展管理系统研究［D］．华北电力大学，2014．

［273］王甜，陈春花，宋一晓．挑战性压力对员工创新行为的"双刃"效应研究［J］．南开管理评论，2019，22（5）：90-100，141．

［274］王霞．基于心理资本的机场安检员工作不安全感对工作绩效的影响［J］．安全与环境学报，2021，21（1）：263-269．

［275］王笑天，李爱梅，熊冠星，等．制造业一线员工的工作要求对离职倾向的影响及链式调节机制研究［J］．管理学报，2016，13（8）：1191-1198．

［276］王艳平，赵文丽．人格特质对员工创造力的影响研究［J］．软科学，2018，32（3）：93-96，110．

［277］王雁飞，朱瑜．组织社会化、信任、知识分享与创新行为：机制与路径研究［J］．研究与发展管理，2012，24（2）：34-46．

［278］魏伟．新生代员工工作意义缺失的内容结构及对自主性动机影响研究［D］．广东工业大学，2020．

［279］吴国强，郭亚宁，黄杰，等．挑战性—阻碍性压力源对工作投入和工作倦怠的影响：应对策略的中介作用［J］．心理与行为研究，2017，15（6）：853-859．

［280］吴志明，武欣，武艳茹，等．领导与下属的调节焦点对下属工作绩效的影响作用［J］．科学学与科学技术管理，2013（7）：175-182.

［281］夏正晶，朱永跃，马志强．新生代研发人员的个性特征、管理冲突及应对策略［J］．科技管理研究，2014，34（11）：116-120.

［282］许丹佳，喻承甫，窦凯，等．父母自主支持与青少年未来规划：基本心理需要与个人成长主动性的中介作用［J］．心理发展与教育，2019，35（1）：23-31.

［283］许正权，涂俊梅，张静，张中强．工作不安全感对于职场幸福及职场绩效的负面影响效应［J］．经营与管理，2019（9）：83-89.

［284］阎亮，张治河．组织创新氛围对员工创新行为的混合影响机制［J］．科研管理，2017，38（9）：97-105.

［285］杨付，张丽华．团队沟通、工作不安全氛围对创新行为的影响：创造力自我效能感的调节作用［J］．心理学报，2012，44（10）：1383-1401.

［286］杨红明．挑战性工作要求对变革型领导的"替代"：科研人员敬业度作用的间接调节模型［J］．科技进步与对策，2017，34（7）：88-93.

［287］杨皖苏，杨希，杨善林．挑战性压力对新生代员工主动性—被动性创新行为的影响［J］．科技进步与对策，2019，36（8）：139-145.

［288］姚柱，罗瑾琏，张显春，等．研发团队时间压力、团队反思与创新绩效［J］．科学学研究，2020，38（8）：1526-1536.

［289］叶晓倩，王泽群，杨琳．参与式管理如何提高员工创新行为：基于诱因-贡献理论的视角［J］．中国人力资源开发，2020，37（2）：53-64.

［290］于伟，张鹏．挑战性—阻碍性压力源对研发员工主观职涯成功的影响：职业自我效能和组织职涯管理的作用［J］．管理评论，2018，30（12）：177-188.

［291］袁凌，李静，李健．差序式领导对员工创新行为的影响——领导创新期望的调节作用［J］．科技进步与对策，2016，33（10）：110-115.

［292］张莉，林与川，张林．工作不安全感与情绪耗竭：情绪劳动的中介作用［J］．管理科学，2013，26（3）：1-8.

［293］张宁俊，袁梦莎，付春香，吴蕊君．差错管理氛围与员工创新行为的关系研究［J］．科研管理，2015，36（S1）：94-101.

［294］张亚军，张金隆，张军伟．工作不安全感对用户抵制信息系统实施的影响［J］．管理科学，2015，28（2）：80-92.

［295］张银普，骆南峰，石伟，万金，张译方，杨小进．中国情境下领

导——成员交换与绩效关系的元分析［J］．南开管理评论，2020，23（3）：177-187．

［296］张莹，张剑，张大龙．员工目标内容对突破性创造力和渐进性创造力的影响：基于代际比较视角［J］．管理评论，2020，32（1）：166-175．

［297］张振刚，余传鹏，李云健．主动性人格、知识分享与员工创新行为关系研究［J］．管理评论，2016，28（4）：123-133．

［298］赵海霞，龙立荣．团队薪酬对团队绩效的作用机制研究［J］．管理学报，2012，9（6）：843-849．

［299］赵永德．组织遗忘的测量与实证研究［D］．东北财经大学，2010．

［300］周浩，龙立荣．工作不安全感、创造力自我效能对员工创造力的影响［J］．心理学报，2011，43（8）：929-940．

［301］周是今，杨张博，李平，周静子．再论管理研究中的关系："关"与"系"的交互视角［J］．管理学报，2021，18（1）：22-31．

［302］朱朴义，胡蓓．可雇佣性与员工态度行为的关系研究——工作不安全感的中介作用［J］．管理评论，2014，26（11）：129-140．

［303］朱琪，关希如．高管团队薪酬激励影响创新投入的实证分析［J］．科研管理，2019，40（8）：253-262．

附　录

附录一　工作不安全感氛围调查问卷

尊敬的受访者：

您好！衷心感谢您能参与本次调查！本次问卷调查是为了了解您在工作场所中体验到的压力感受，以便寻求更好的改进和解决策略。本次调查仅供学术研究所用，您所填答的所有信息将严格保密，不会泄露给任何第三方（包括同事、领导），不会对您在单位的绩效或表现产生任何影响。请您根据实际情况放心作答！

北京交通大学问卷调查组

第一部分：基本信息

个人信息：

1. 您的性别：□女　　　□男

2. 您的婚姻状况：□已婚　　　□未婚　　　□其他

3. 您的年龄：□25 岁及以下　　　□26~35 岁　　　□36~45 岁
　　　　　　　□46~55 岁　　　□56 岁及以上

4. 您的学历：□高中及以下　　　□大专　　　□本科　　　□研究生

5. 您的工作年限：□2 年及以下　　　□3~5 年　　　□6~8 年
　　　　　　　　　□9~11 年　　　□12 年及以上

6. 您的职位类别：□基层员工　　　□基层管理者
　　　　　　　　　□中层管理者　　□高层管理者

企业信息：

7. 您所在企业的类型：□建筑类企业　　□制造类企业
　　　　　　　　　　□高新技术企业　□企事业单位　　□其他

8. 您所在企业的规模：□50 人及以下　　□51～200 人　　□201～500 人
　　　　　　　　　　□501～1000 人　□1000 人以上

9. 您所在企业成立年限：□5 年及以下　　□6～10 年　　□11～15 年
　　　　　　　　　　　□16～20 年　　□21 年及以上

第二部分：下列项目描述了您在工作场所中的一些体验，请根据您的实际感受选择最符合的一个选项。

（1-非常不符合　2-比较不符合　3-不确定　4-比较符合　5-非常符合）

序号	项目	非常不符合→非常符合				
1	在我的工作场所中，人们普遍害怕失去工作	1	2	3	4	5
2	在我的工作场所中，许多人担心自己会失去工作	1	2	3	4	5
3	在我的工作场所中，人们普遍对于在不久的将来失去工作感到不安	1	2	3	4	5
4	在我的工作场所中，人们经常谈论他们能否保住工作	1	2	3	4	5
5	在我的工作场所中，大家经常谈论未来几年内会有迫使自己离开当前工作岗位的事情（比如重组、裁员）发生	1	2	3	4	5
6	在我的工作场所中，总感觉有人要失业了	1	2	3	4	5
7	在我的工作场所中，人们普遍对未来的薪酬增长感到焦虑	1	2	3	4	5
8	在我的工作场所中，很多人担心能否保持目前的薪酬水平	1	2	3	4	5
9	在我的工作场所中，很多人会担心将来的薪酬分配方式不公平	1	2	3	4	5
10	在我的工作场所中，很多人担心与领导的良好关系不能一直保持	1	2	3	4	5
11	在我的工作场所中，很多人担心与同事的良好关系不能一直保持	1	2	3	4	5
12	在我的工作场所中，很多人害怕自己在公司中的地位很快被取代	1	2	3	4	5
13	在我的工作场所中，许多人对自己在公司的职业发展表示焦虑	1	2	3	4	5
14	在我的工作场所中，许多人感觉没有晋升空间	1	2	3	4	5
15	在我的工作场所中，大家普遍觉得现在的岗位工作前景很好	1	2	3	4	5
16	在我的工作场所中，大家普遍觉得单位目前各方面的情况使大家看不到未来在这里的发展前景	1	2	3	4	5

序号	项目	非常不符合→非常符合				
17	在我的工作场所中，有很多人担心将来会收到不那么具有刺激性的工作任务	1	2	3	4	5
18	在我的工作场所中，许多人担心无法自己安排工作时间与进度	1	2	3	4	5
19	在我的工作场所中，许多人对在单位只是从事简单重复的工作很焦虑	1	2	3	4	5
20	在我的工作场所中，有许多人担心工作条件越来越差	1	2	3	4	5

附录二　团队成员调查问卷

尊敬的受访者：

您好！衷心感谢您参与本次调查！本次调查问卷主要是为了了解个体或团队在企业中面临的压力，以便寻求更好的改进和解决策略。本次调查仅供学术研究所用，问卷中的个人编号仅用于匹配调查资料，不会对您在单位的绩效或表现产生任何影响。您所填答的所有信息将严格保密，不会泄露给任何第三方，请您根据实际情况放心作答！

北京交通大学问卷调查组

第一部分 基本信息

1. 您的性别：□女　　　□男

2. 您的婚姻状况：□已婚　　　□未婚　　　□其他

3. 您的年龄：□25 岁及以下　　　□26～35 岁　　　□36～45 岁

　　　　　　　□46～55 岁　　　□56 岁及以上

4. 您的学历：□高中及以下　　　□大专　　　□本科　　　□硕士及以上

5. 您的工作年限：□2 年及以下　　　□3～5 年　　　□6～8 年

　　　　　　　　□9～11 年　　　□12 年及以上

第二部分：下列项目描述了您在工作中的一些体验，请根据您的实际感受选择合适的选项。

（1-非常不同意　2-比较不同意　3-不确定　4-比较同意　5-非常同意）

序号	项目	非常不符合→非常符合				
1	我担心在我想辞职之前我不得不辞职	1	2	3	4	5
2	我担心能否保住我的工作	1	2	3	4	5
3	我担心不久的将来我可能会失业	1	2	3	4	5
4	我现在的职业有很好的发展前景	1	2	3	4	5
5	我担心将来收到的刺激性工作任务会减少	1	2	3	4	5
6	我相信未来自己的薪水会稳步提升	1	2	3	4	5
7	我担心单位未来会不再需要我这样的人	1	2	3	4	5
8	成长的机会对我来说是找工作的一个重要因素	1	2	3	4	5
9	我专注于完成能促进我进步的工作任务	1	2	3	4	5
10	我的工作重点受到我渴望成为清晰形象的影响	1	2	3	4	5
11	工作保障是我求职的一个重要因素	1	2	3	4	5
12	我把注意力集中在避免工作失败上	1	2	3	4	5
13	我非常小心，避免自己在工作中遭受潜在损失	1	2	3	4	5

第三部分：下列项目描述了您工作中遇到的一些情况，请根据您的实际感受判断这些情况给您带来了多大压力，并选择最合适的选项。

（1-完全没压力　2-比较没压力　3-不确定　4-比较有压力　5-非常大压力）

序号	项目	非常不符合→非常符合				
1	工作任务量	1	2	3	4	5
2	在工作上花费的时间	1	2	3	4	5
3	必须在规定时间内完成的工作量	1	2	3	4	5
4	经历的时间压力	1	2	3	4	5
5	责任量	1	2	3	4	5
6	职责范围	1	2	3	4	5
7	组织政治对组织决策的影响程度	1	2	3	4	5
8	无法清楚地了解工作对我的期望	1	2	3	4	5
9	为了完成我的工作，我需要经历大量的繁文缛节	1	2	3	4	5
10	我缺乏工作保障	1	2	3	4	5
11	我的职业生涯似乎停滞不前	1	2	3	4	5

第四部分：下列项目描述了您在工作中的一些体验，请根据您的实际感受选择合适的选项。

（1-非常不符合　2-比较不符合　3-不确定　4-比较符合　5-非常符合）

序号	项目	非常不符合→非常符合				
1	在我的工作场所中，人们普遍害怕会失去工作	1	2	3	4	5
2	在我的工作场所中，许多人担心自己会失去工作	1	2	3	4	5
3	在我的工作场所中，人们普遍对于在不久的将来失去工作感到不安	1	2	3	4	5
4	在我的工作场所中，人们经常谈论他们能否保住工作	1	2	3	4	5
5	在我的工作场所中，大家经常谈论未来几年内会有迫使自己离开当前工作岗位的事情（比如重组、裁员）发生	1	2	3	4	5
6	在我的工作场所中，总感觉有人要失业了	1	2	3	4	5
7	在我的工作场所中，人们普遍对未来的薪酬增长感到焦虑	1	2	3	4	5
8	在我的工作场所中，很多人担心能否保持目前的薪酬水平	1	2	3	4	5
9	在我的工作场所中，很多人会担心将来的薪酬分配方式不公平	1	2	3	4	5
10	在我的工作场所中，很多人担心与领导的良好关系不能一直保持	1	2	3	4	5
11	在我的工作场所中，很多人担心与同事的良好关系不能一直保持	1	2	3	4	5
12	在我的工作场所中，很多人害怕自己在公司中的地位很快被取代	1	2	3	4	5
13	在我的工作场所中，许多人都对自己在公司的职业发展表示焦虑	1	2	3	4	5
14	在我的工作场所中，许多人感觉没有晋升空间	1	2	3	4	5
15	在我的工作场所中，大家普遍觉得现在的岗位工作前景很好	1	2	3	4	5
16	在我的工作场所中，大家普遍觉得单位目前各方面的情况使大家看不到未来在这里的发展前景	1	2	3	4	5
17	在我的工作场所中，有很多人担心将来会收到不那么具有刺激性的工作任务	1	2	3	4	5
18	在我的工作场所中，许多人担心无法自己安排工作时间与进度	1	2	3	4	5
19	在我的工作场所中，许多人对在单位只是从事简单重复的工作很焦虑	1	2	3	4	5
20	在我的工作场所中，有许多人担心工作条件越来越差	1	2	3	4	5
21	如果有机会承担高风险和高收益的工作任务，我们肯定会选择承担这项工作任务	1	2	3	4	5
22	我们的工作动机来自我们的希望和追求	1	2	3	4	5
23	我们团队所有人都专注于完成能够提升自我的工作任务	1	2	3	4	5

续表

序号	项目	非常不符合→非常符合				
24	履行我们的工作职责对我们来说很重要	1	2	3	4	5
25	我们集中精力以规避工作失误	1	2	3	4	5
26	我们大家更愿意完成能够提升工作安全感的工作任务	1	2	3	4	5

第五部分：下列项目描述了您所在团队在工作中遇到的一些情况，请根据您的实际感受判断这些情况给您的团队带来了多大压力，并选择最合适的选项。

（1-完全没压力　2-比较没压力　3-不确定　4-比较有压力　5-非常大压力）

序号	项目	非常不符合→非常符合				
1	我们团队的工作任务量	1	2	3	4	5
2	我们团队在工作上花费的时间	1	2	3	4	5
3	我们团队必须在规定时间内完成的工作量	1	2	3	4	5
4	我们团队经历的时间压力	1	2	3	4	5
5	我们团队的责任量	1	2	3	4	5
6	我们团队的职责范围	1	2	3	4	5
7	组织政治对组织决策的影响程度	1	2	3	4	5
8	无法清楚地了解工作对我们的期望	1	2	3	4	5
9	为了完成工作，我们需要经历大量的繁文缛节	1	2	3	4	5
10	我们缺乏工作保障	1	2	3	4	5
11	我们的职业生涯似乎停滞不前	1	2	3	4	5

问卷到此结束，感谢您的作答！

附录三　团队领导调查问卷

尊敬的领导：

您好！衷心感谢您参与本次调查！本次调查问卷主要是为了了解个体或团队

在企业中面临的压力，以便寻求更好的改进和解决策略。本次调查仅供学术研究所用，您所填写的所有信息都将严格保密，不会被单位的任何人看到（包括上级和所评价的团队成员），请您根据实际情况放心作答！

北京交通大学问卷调查组

第一部分　基本信息

1. 您的性别：□男　　□女

2. 您的婚姻状况：□已婚　　□未婚　　□其他

3. 您的年龄：□25 岁及以下　　□26~35 岁　　□36~45 岁
　　　　　　　□46~55 岁　　　□56 岁及以上

4. 您的学历：□高中及以下　　□大专　　□本科　　□硕士及以上

5. 您的工作年限：□2 年及以下　　□3~5 年　　□6~8 年
　　　　　　　　　□9~11 年　　　□12 年及以上

6. 您所在团队的人数：＿＿＿＿＿＿＿＿＿

第二部分：请您根据所在团队成员的总体表现情况，针对下列描述进行打分。
（1-非常不符合　2-比较不符合　3-不确定　4-比较符合　5-非常符合）

序号	描述	非常不符合→非常符合				
1	团队经常产生新的想法	1	2	3	4	5
2	团队提出的想法是有用的	1	2	3	4	5
3	团队具有创造性	1	2	3	4	5
4	团队提出的想法对组织来说是非常重要的	1	2	3	4	5

第三部分：请您根据下列描述，分别对每个员工的表现情况进行评价。
（1-非常不符合　2-比较不符合　3-不确定　4-比较符合　5-非常符合）

员工编号：＿＿＿＿＿＿＿＿＿

序号	描述	非常不符合→非常符合				
1	提出实现目标的新方法	1	2	3	4	5
2	提出新的和实用的想法来提高绩效	1	2	3	4	5
3	经常寻找新的技术、技艺、流程和产品创意	1	2	3	4	5
4	提出提高质量的新方法	1	2	3	4	5
5	是创意的好来源	1	2	3	4	5

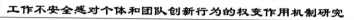

序号	描述	非常不符合→非常符合				
6	不怕冒险	1	2	3	4	5
7	向其他人宣传和推广新想法	1	2	3	4	5
8	只要有机会就会在工作中表现出创造力	1	2	3	4	5
9	为新思想的实施制订充分的计划和时间表	1	2	3	4	5
10	经常有新的和有创意的想法	1	2	3	4	5
11	想出解决问题的创造性方法	1	2	3	4	5
12	通常有新的方法处理问题	1	2	3	4	5
13	提出提高工作任务的新方法	1	2	3	4	5

问卷到此结束，感谢您的作答！